Jean Pütz · Kordula Werner · Marcus Werner

Das Hobbythekbuch vom Trinken

Gesundheit
Schluck für Schluck

Die Deutsche Bibliothek – CIP-Einheitsaufnahme

Hobbythek / ARD, WDR. – Köln : vgs
Früher u. d. T.: Das Hobbythek-Buch
Pütz, Jean : Das Hobbythekbuch vom Trinken. – 1999

Pütz, Jean:
Das Hobbythekbuch vom Trinken / Jean Pütz ; Kordula Werner ; Marcus Werner – 1. Aufl. – Köln : vgs, 1999
   (Hobbythek)
   ISBN 3-8025-6217-8

Die Vorschläge und Rezepte in diesem Buch sind von Autoren und Verlag nach bestem Wissen und Gewissen sorgfältig erwogen und geprüft. Autoren und Verlag übernehmen keine Haftung für etwaige Personen-, Sach- und Vermögensschäden, die sich aus dem Gebrauch oder Mißbrauch der in diesem Buch dargestellten Informationen und Rezepte ergeben.

Bildquellen:

S. 9, S. 18: Kordula u. Marcus Werner, Mechernich-Weyer.
S. 27: Prof. Dr. Heinz Mehlhorn, Heinrich Heine Universität Düsseldorf, Institut für Zoomorphologie, Zellbiologie und Parasitologie.
S. 29: K. Schubert/GEW Köln.
S. 51: TransFair – Verein zur Förderung des Fairen Handels mit der „Dritten Welt" e. V., Köln.
S. 56: mit freundlicher Genehmigung aus „China Pu-Erh Tea"
S. 61: Amazonas Naturprodukte Handels GmbH, Schwetzingen.

Alle übrigen Fotos: Cornelis Gollhardt, Köln/Stephan Wieland, Düsseldorf.
Grafik S. 16, S. 17, S. 42: Marcus Werner, Mechernich-Weyer.
Alle übrigen Grafiken: Designbureau Jochen Kremer/Gabi Mahler, Köln.

1. Auflage 1999
© vgs verlagsgesellschaft Köln, 1999

Umschlagfoto: Cornelis Gollhardt, Köln/Stephan Wieland, Düsseldorf
Umschlaggestaltung: Alexander Ziegler, Köln
Redaktion: Martina Weihe-Reckewitz
Lektorat: Alexandra Panz
Produktion: Wolfgang Arntz
Gesamtherstellung: Universitätsdruckerei H. Stürtz AG, Würzburg
Printed in Germany
ISBN 3-8025-6217-8

Besuchen Sie unsere Homepage im WWW:
http:\\www.vgs.de

Inhalt

Liebe Leserinnen und Leser,

dieses Buch habe ich lange geplant, dafür außerordentlich viel recherchiert und vor allen Dingen Mitarbeiter gesucht – und sie in den beiden Co-Autoren Kordula und Marcus Werner gefunden –, die dem Lebenselixier Wasser eine ähnliche Bedeutung beimessen wie ich. Dies ist nicht selbstverständlich, denn Trinkwasser gibt es – zumindest bei uns – (noch) im Übermaß. Wasser läuft ja, ohne daß wir Mühe aufwenden müssen, aus dem Wasserhahn, und es ist eine typisch menschliche Verhaltensweise, daß jederzeit verfügbare Güter als wertlos angesehen werden.

Ein von mir sehr geschätzter Schriftsteller, der Franzose Antoine de Saint Exupéry, der sein kurzes Leben lang versuchte, die moderne Technik mit Menschlichkeit zu erfüllen und sie auch als hervorragendes Mittel für eine geistige und seelische Verbindung zwischen den Menschen ansah, hat in einem Essay im übertragenen Sinne den Ausdruck geprägt: „Wasser, das brauchen wir nicht nur zum Leben, sondern es ist das Leben selbst". Damit hat er im Dichtermund etwas ausgedrückt, was der strengen Naturwissenschaft schon lange bewußt war: Ohne Wasser wäre das Leben auf unserem Planeten undenkbar.

Eine Voraussetzung für die Entstehung des Lebens ist unter anderem eine besondere Eigenschaft des Wassers, die die Physiker die „Anomalie des Wassers" nennen: Wenn sich Stoffe abkühlen, dann schrumpft normalerweise mit abnehmender Temperatur das Volumen, d. h. der entsprechende Körper nimmt weniger Raum ein. Mit anderen Worten: Das Gewicht pro Volumen des Stoffes steigt an, er wird spezifisch schwerer. Würde sich Wasser genauso verhalten, würde Eis nicht auf dem Wasser schwimmen, sondern untergehen, da es schwerer sein müßte als das wärmere Wasser. Und dies wiederum bedeutete, daß unsere Seen, ja selbst das Meer, von unten nach oben vollständig zufrieren müßten, die Wasserbewohner hätten zumindest in unseren Breiten das Nachsehen und würden im Winter sterben. Wasser jedoch zeigt ein anderes Verhalten: Bis 4 °C schrumpft zwar sein Volumen, aber unterhalb dieser Temperatur dehnt es sich wieder aus. Beim Gefrieren steigt sein Volumen nochmals stark an, Eis ist daher leichter als Wasser und schwimmt obenauf. Gleichzeitig schützt es, da es ein guter Kälteisolator ist, das darunterliegende Wasser vor dem Gefrieren. Dies wiederum ist der Grund, weshalb tiefe Seen und Meere selbst in arktischen Gefilden nur sehr selten völlig zufrieren.

Das Wasser ist eine solch geheimnisvolle Flüssigkeit, daß man ganze Bücher darüber schreiben könnte, aber das würde den Rahmen dieses kleinen Hobbythekbuchs sprengen. Nichtsdestotrotz möchten wir Ihnen, liebe Leser und Leserinnen, die Chance geben, sich umfassend zu informieren, auch dazu können wir, ganz im Sinne von Antoine de Saint Exupéry, die moderne Technik hervorragend nutzen. Die Möglichkeit dazu gibt uns das Internet, das ja – zumindest was die Kommunikation anbelangt – eine Revolution ausgelöst hat.

Obwohl ich weiß, daß wir außergewöhnlich viele junge Leute mit der Hobbythek ansprechen, möchte ich dieses Vorwort auch nutzen, um einen Appell an meine gleichaltrigen Leser über 50 Jahre zu richten, die, wie Untersuchungen belegen, dem neuen Medium sehr zurückhaltend gegenüberstehen. Schon vor 25 Jahren habe ich in meinen technischen Sachbüchern so etwas wie das Internet gefordert und vorausgesagt („Einführung in die Mikroprozessorelektronik"). Damals ging es mir darum, die elektronischen Medien stärker in die Wissensvermittlung, d.h. in den „Medienverbund" einzubeziehen. Dies wird heute ja „Multimedia" genannt. Auch aus diesem Grund habe ich mich intensiv mit dem Internet beschäftigt und weiß, daß es für ältere Herrschaften einfacher zu bedienen ist, als sie glauben. Also bitte: keine Angst vor Neuland!

Dies sage ich auch deshalb, weil wir mit diesem Buch eine Innovation vorhaben. Ich möchte das Internet nutzen, um Ihnen die Möglichkeit zu bieten, sich über etwas kompliziertere Tatbestände umfassender zu informieren, als das mit diesem Buch erfolgen kann. Mit anderen Worten: Während das Buch normalerweise das Begleitmedium zu meinen Fernsehsendungen darstellt, möchte ich jetzt dem Internet diese Funktion als Zweitmedium zuweisen, in diesem Fall vor allen Dingen, um Ihnen Hintergrundwissen zum Thema

„Physik des Wassers" zu vermitteln. Schauen Sie einfach mal in die Internetseite:

http://www.vgs.de/hobbythek/

Zusätzlich werden wir das Internet auch dazu nutzen, von Zeit zu Zeit aktuelle Ergänzungen zu diesem Buch einzubringen, d.h. ein Besuch auf unserer Homepage lohnt sich immer.

Der Co-Autor Marcus Werner, der übrigens ein außergewöhnlich fähiger Physiker ist, hat sich die Mühe gemacht, im Internet das Geheimnis des Wassers zu lüften – auch um es auf den Boden der Naturwissenschaft zurückzuholen. Mittlerweile ist das Wasser nämlich viel zu häufig in die Fänge von Esoterikern und Spekulanten geraten. Diese stellen Behauptungen auf, die einer modernen, durch Wissenschaft geprägten Welt nicht mehr würdig sind, und dazu möchte ich einige persönliche Bemerkungen machen: Naturwissenschaft und Technik müssen sich stets ethischen und demokratischen Kriterien stellen, d.h. nicht alles, was möglich ist, sollte realisiert werden. Und dabei ist es ganz wichtig, daß die Bürger ein gewichtiges Wort mitreden können. Ebenso muß sichergestellt sein, daß die Menschenwürde gewahrt bleibt und daß dem ethischen Zukunftsprinzip Rechnung getragen wird, d.h. daß unsere Kinder und Kindeskinder die gleichen Chancen haben wie wir, das gilt ganz besonders für den Umgang mit Rohstoffen und mit

unserer Atmosphäre. An diesem Wert, oder sagen wir an dieser Norm, muß sich die Technik stets messen lassen, aber Absicht ist die eine Sache, Kontrolle die andere, und daran müssen sich unbedingt die Bürger auf breiter Basis beteiligen. Um dabei mitreden zu können, benötigen sie objektive Informationen, objektiv heißt, daß sie verständlich sind und eine enge Anbindung an bekannte Naturgesetze erfolgt. Selbsternannte Gurus oder auch Spekulanten haben da nichts zu suchen. Ich erwähne das deshalb, weil in die Welt dieser Spekulationen auch die Behauptung gehört, daß Wassermoleküle eine Art Gedächtnis hätten, sie also Zustände speichern könnten, unabhängig von physikalisch-chemischen Analysen. Konkret wird behauptet, daß es ausreichen würde, Wassermoleküle mit irgendeinem Stoff in Verbindung zu bringen, diesen dann wieder zu entziehen und daß das Wasser dann sozusagen gelernt hätte, diese spezifischen Wirkungsmechanismen aufrecht zu erhalten. Manche Geschäftemacher ließen sich schnell von dieser „Wasserinformationstheorie" inspirieren und verkauften für teures Geld „informierte" Aluminiumfolie, die, außen an die Leitung geschraubt, die Wasserqualität verbessern soll. Aber auch einige, sich wissenschaftlich gebende Homöopathen sind von der Möglichkeit, daß Wasser ein Gedächtnis besitzt, überzeugt. Generell halte ich einiges von der Homöopathie, aber jene Erklärung führt meines Erachtens nicht in die Naturwissenschaft, sondern in die Deutung menschlichen Verhaltens allgemein. Ich erinnere da nur an die Phänomene der sich selbst bestätigenden Prophezeiung (self-fulfilling prophecy), mit anderen Worten „der Glaube kann Berge versetzen", oder auch an den Placeboeffekt in der Medizin, d. h. daß Pillen ohne Wirkstoffe helfen.

Zu diesem Thema habe ich einmal in der Wissenschaftssendung der ARD „Globus – aus Forschung und Technik" eine ausführliche Darstellung gesendet, die interessanterweise auch unter vielen Anhängern der Homöopathie auf großen Zuspruch gestoßen ist. Lassen Sie mich noch einmal kurz auf die volkswirtschaftliche und ökologische Bedeutung des Wassers zurückkommen. Natürlich ist Wasser ein wichtiger Wirtschaftsfaktor, ob es sich allerdings auszahlt, wenn es wie beispielsweise Perrier aus Frankreich, Tynant aus Wales, San Pellegrino aus Italien oder auch das deutsche Mineralwasser Gerolsteiner und viele andere mit unglaublich viel Energiebedarf durch die ganze Welt gekarrt wird, nur weil der eine oder andere sich einbildet, daß diese Sorten bekömmlicher wären oder besser schmecken würden als das ortsnahe Mineralwasser, das möchte ich bezweifeln. Zum Teil wird mehr Sprit für den Transport verbraucht, als Wasser in der Flasche eingefangen wurde, ich halte dies für eine Perversion der modernen globalen Gesellschaft, auch weil diese völlig überteuert sind. Dies gilt im übrigen auch, wenn Mineralwässer oder noch viel schlimmer Tafelwässer, die aus jedem Wasserhahn in

ähnlicher Qualität zu zapfen sind, durch die Bundesrepublik verfrachtet werden. Diese Erkenntnis war einer der Gründe, warum ich mich seinerzeit sehr intensiv mit der Qualität des Trinkwassers in Deutschland beschäftigt habe, ja wir haben sogar den TÜV Deutschland gebeten, etliche Proben an verschiedenen Stellen zu untersuchen. Das Ergebnis war, daß unser Trinkwasser viel besser ist als sein Ruf, es gibt kein Lebensmittel in Deutschland, daß besser kontrolliert wäre als unser Trinkwasser. Ich bin sehr stolz darauf, daß wir mittlerweile Hunderttausende von Lastwagen von der Straße bekommen haben, nur weil wir dieses auch in der Hobbythek entsprechend herausgestellt und die Sprudelautomaten inklusive unserer Frusip's populär gemacht haben. Das alles finden Sie natürlich auch im vorliegenden Buch.

Als das Wasser noch nicht so verfügbar war wie heute, hatte es für die Menschen einen ganz anderen Stellenwert. Im Leben antiker Völker hatte das Wasser eine große Bedeutung: Das Versiegen von Quellen konnte die Lebensgrundlage eines Volkes zerstören, ebenso wie das Verschmutzen von Wasser, das daher in vielen alten Kulturen als eine der größten Sünden galt. Der Glaube an eine Fülle von Meeres-, Fluß- und Wassergöttern entspringt der Verehrung für den Lebensquell Wasser. Im Weltbild der Babylonier stellten zum Beispiel das Götterpaar Tiamat (die als Urmutter dem Salzwasser entsprach) und Apsu (der Urvater, gleichbedeutend

mit dem Süßwasser) den Ursprung dar. Erst aus ihrer Vereinigung konnten die Götter entstehen, die dann wiederum die Welt erschufen. Es liegt auf der Hand, warum gerade die Babylonier dem Wasser diesen hohen Stellenwert einräumten: In der fruchtbaren Ebene zwischen den Strömen Euphrat und Tigris – deren Wasser sie über Kanäle auf ihre Felder lenkten – fanden sie einzigartige Bedingungen für den Aufbau einer Kultur, deren Zeugnisse wir noch heute in den Museen bestaunen können. Auch heutzutage ist das Wasser dieser beiden Flüsse als Lebensgrundlage für die Menschen dort unentbehrlich. Dies läßt sich an dem erbitterten Streit ermessen, der zwischen der Türkei – die am Oberlauf dieser Flüsse Staudämme errichtet – und Syrien sowie dem Irak ausgetragen wird. In diesen Ländern herrscht größte Sorge, daß der nördliche Nachbar ihnen im wahrsten Sinne des Wortes „den Hahn abdrehen" könnte.

Solche Probleme kannten die alten Ägypter wohl kaum. Fast regelmäßig Jahr für Jahr überschwemmte der Nil ihre Felder und hinterließ neben Zerstörung auch jede Menge fruchtbaren Schlamm. Die Katastrophe war somit gleichzeitig ein Segen, und die ganze ägyptische Kultur war auf diese immer wiederkehrenden Überschwemmungen ausgerichtet. Von den alten Ägyptern ist auch überliefert, daß sie Meister des Bierbrauens waren. Wenn es um das Verfeinern von Wasser geht, dann dürfen natürlich die Chinesen nicht fehlen. Sie werden wohl mit Fug und Recht die Erfinder des Tees genannt. Seit frühester Zeit maßen sie dem Tee zunächst als Heilgetränk und später dann als Genußmittel größte Bedeutung bei, vor allem dem grünen Tee. Näheres dazu finden Sie in unserem Hobbythekbuch „Lebenselixiere aus Fernost – Grüner Tee, Algen, Ingwer, Ginseng".

Lange Zeit blieb der Tee allein den Chinesen vorbehalten, bis sie ihn – mit dem Buddhismus – im 5. oder 6. Jahrhundert nach Japan exportierten, wo er sich ebenfalls schnell zum Nationalgetränk entwickelte. Die Chinesen sahen im Wasser aber nicht nur die Grundlage für die Teebereitung, sondern vor allem das Symbol für die weibliche Urkraft Yin, die sich mit dem männlichen Yang, das dem Feuer entspricht, ergänzt. Und Laotse, der große Denker des Taoismus, erkennt im Wasser gar das stärkste Prinzip, das er seinen Schülern zur Nachahmung empfiehlt:

Auf der ganzen Welt
gibt es nichts Weicheres und
Schwächeres als das Wasser.
Und doch in der Art, wie es dem
Harten zusetzt,
kommt nichts ihm gleich.

Die alten Griechen kannten weder das Geheimnis der Teezubereitung noch hielten sie viel vom Barbarentrunk Bier. Ebenso wenig zählten sie zu den großen Wassertrinkern, wenn man vernachlässigt, daß sie zur Vermeidung von Trunkenheit ihren Wein damit streckten. Und doch sind sie unbestritten jenes Volk der Antike, daß sich am meisten auf dem Wasser herumtrieb und seine Bedeutung durchaus zu schätzen wußte. Das kommt nicht nur in den Scharen von Göttern und Nymphen zum Ausdruck, die in jedem Tümpel hausten. In der Naturphilosophie des Thales von Milet (6. Jhd. v. Chr.), der einer der sieben Weisen der Antike war, nahm darüber hinaus das Wasser den Rang des „Urstoffes" ein, aus dem alles andere entstanden war.
Und schließlich badeten die Griechen auch sehr gerne, wobei die Lust am Baden wohl durchaus auch mit Heilung und religiösem Ritus einherging. Die Überzeugung von einer mehr als physischen Reinigungskraft des Wassers war allerdings keine Erfindung der Griechen, vielmehr läßt sie sich in einer ganzen Reihe von Kulturen nachweisen, teilweise sogar bis heute. In diesem Zusammenhang sind die Baderituale der Hinduisten im Ganges zu sehen, aber auch die rituelle Waschung von Muslimen vor dem Betreten der Moschee und natürlich auch die christliche Taufe sowie das Weihwasser.

Für die Römer gewann das Baden mit der Erfindung der Bodenheizung im Laufe des letzten Jahrhunderts vor Christi Geburt eine ganz neue Bedeutung, und für die Erbauer und Betreiber von Thermen brach ein goldenes Zeitalter an. Andererseits stellen die Römer aber auch eines jener seltenen Völker dar, die wirkliche Wasser-Feinschmecker waren. Zwar verschmähten auch sie keineswegs einen guten Schoppen Wein, doch wußten sie qualitativ hochwertiges Wasser durchaus zu schätzen, wobei sie kalkhaltigem Wasser den Vorzug gaben. Als sie in die Gebiete der Germanen einfielen, interessierte sie der hierzulande übliche Met weniger als die Mineralwasserquellen, wovon noch heute viele Siedlungen römischen Ursprungs zeugen. Das Wasser dieser Quellen mundete ihnen so vorzüglich, daß sie es sogar in Tonkrüge abfüllten und nach Rom transportierten, wo die Bürger es dann für teures Geld erwerben konnten.
Nun brachte dieser Luxus zwangsläufig auch einige Probleme mit sich, denn wer viel trinken und baden will, der muß erst einmal für genügend Wasser in ausreichender Qualität sorgen, vom Entsorgen ganz zu schweigen. Praktisch veranlagt, wie sie nun einmal waren, wußten die Römer auch auf diese Herausforderung eine Antwort zu finden und wurden so die Väter des modernen Leitungsbaus. Sie schufen z. B. solche Wunderwerke der Baukunst wie den Aquädukt Pont du Gard bei Nîmes und Tausende Kilometer an Fernwasserleitungen, um die Städte mit Wasser in ausreichender Menge und Qualität zu versorgen.
Die längste der Leitungen im *Imperium Romanum* führte gut 100 Kilometer vom Urfttal in der Eifel nach Köln und war eine reine Gefälleleitung. In der Stadt angekommen, wurde das Wasser auf die Thermen, öffentliche Brunnen

Abb. 1: Die Wasserleitung vom Urfttal nach Köln war eine reine Gefälleleitung.

und sogar in private Haushalte verteilt. Der Wasserdurchfluß muß enorm gewesen sein, was die bis zu 30 Zentimeter dicken Kalkablagerungen deutlich machen, die später als begehrter Marmorersatz, auch Eifelmarmor genannt, verwendet wurden. So sind z.B. zwei Säulen des Altarhimmels in Maria-Laach

aus diesem wertvollem Material gefertigt.

Ausgrabungen in Pompei zeigten, daß kein Bürger dieser Stadt weiter als 50 Meter gehen mußte, um zum nächsten Brunnen zu gelangen. Wenn man bedenkt, daß Rom zu dieser Zeit schon eine Millionenstadt war und die – zumindest öffentlichen – Brunnen nie abgestellt wurden, so läßt sich erahnen, welch riesige Mengen Wasser eine römische Stadt tagtäglich verbrauchte. Um dem Endprodukt dieses Überflusses Herr zu werden, erbauten die römischen Ingenieure unterirdische Kanalisationen wie die *cloaca maxima* (daher unser Wort Kloake) in Rom und leiteten – was leider zu einer traurigen Tradition bis in unsere Tage wurde – den ganzen Dreck ungeklärt in die Flüsse. Daran läßt sich aber auch ablesen, daß die Römer – all ihren Göttern zum Trotz – zumindest in der Praxis den mythischen, göttlichen Aspekt des Wassers wohl schon vergessen hatten.

Nun war es aber dem römischen Reich nicht gegeben, in alle Ewigkeit zu bestehen. Mit seinem Untergang hielten auch in Italien barbarische Sitten Einzug und die Bäder- und Trinkwasserkultur verfiel. Allein das Oströmische Reich um die Hauptstadt Konstantinopel sollte dieses Erbe weiter pflegen. Auch nach seinem Untergang bewahrten die Osmanen diese Badekultur nicht nur, sondern entwickelten sie sogar weiter. So kam es, daß den Europäern das Erbe der Antike über einen kleinen Umweg

wieder nahe gebracht wurde, denn wo die Muslime auch hinkamen, bauten sie sofort Bäder, zum Beispiel die großartigen „Türkenbäder" in Budapest, die seit dem späten 16. Jahrhundert bis heute in Betrieb sind.

Die islamischen Eroberer brachten aber nicht nur alte Kultur, sondern auch ein neues Getränk mit: den Kaffee. Es sollte jedoch noch bis 1630 dauern, ehe ein paar verwegene Venezianer zum ersten europäischen Kaffeekränzchen baten. Bis dahin begnügten sich die Christen mit allem, was ihren Widersachern aus religiösen Gründen verboten war: Bier, Wein und Met.

Doch schon bald ließen sich unsere Vorfahren auch von den Vorzügen des Tees überzeugen: 1610 brachten die Holländer von ihren Seefahrten erstmalig Tee mit, und in den folgenden Jahrzehnten breitete sich dieses Getränk über ganz Europa aus, wobei vor allem die Engländer und Russen dem Tee verfielen.

Die Bäderkultur des Mittelalters und der frühen Neuzeit geht im Zeitalter des Absolutismus seinem Niedergang zu: Die Ärzte vermuteten nämlich den Grund für die grassierende Syphilis, aber auch für die Pest in dem gemeinschaftlichen Baden. Der französische Adel ging dabei so weit, daß er sogar allgemein dem Waschen entsagte und die körperliche Reinigung mittels der hygienisch recht bedenklichen Methoden Abreiben, Pudern und Parfümieren bewerkstelligte.

Zu Beginn des Industriezeitalters wurde die Hygiene in den schnell wachsenden

Städten immer mehr zum Problem. Damit war aber, fast zwei Jahrtausende nach den Römern, wieder die Zeit der Kanalisation angebrochen. Doch im Gegensatz zu den antiken Bauherren, die zwar auch die Flüsse achtlos verseucht hatten, aber ihr Trinkwasser aus weit entfernten Quellen heranführten, schienen die Städteplaner des 19. Jahrhunderts eher kurzsichtig gewesen zu sein: Das Wasser in der Leitung stammte oftmals aus der gleichen Quelle, die auch das Abwasser – und damit menschliche Fäkalien und Dreck jeglicher Art – aufnahm. Zwar hatte Louis Pasteur mit der Entdeckung der Milzbrandbakterien im Jahre 1877 seine langgehegte Überzeugung bestätigt, daß Bakterien (und Viren) die Ursache aller ansteckenden Krankheiten sind, doch anscheinend hatte man die Lehre aus dieser Erkenntnis noch nicht auf das Wasser angewendet.

Die Folge waren Krankheiten und Epidemien wie die Hamburger Choleraepidemie im Jahre 1892. Dieses schlimme Ereignis hatte allerdings auch einen positiven Effekt. Man fing langsam an, über den Zustand der Flüsse und des Grundwassers nachzudenken, vor allem da Robert Koch beweisen konnte, daß die Krankheitserreger über menschliche Fäkalien ins Wasser gelangt waren.

Dies alles gehört mittlerweile der Vergangenheit an, und Mineralwasser bekommt man inzwischen in jedem Supermarkt. Doch beim Schreiben dieses Buches stellte sich mir immer wieder die Frage, wie gesund unser Verhältnis zum Wasser eigentlich ist? Einerseits muß es mit großem Aufwand aufbereitet werden, andererseits genießen wir einen Wasserwohlstand, wie ihn noch nicht einmal die Römer kannten, deren Fehler wir aber nach wie vor getreulich kopieren: verschmutzte Flüsse und Seen, gefährdetes Grundwasser und die Entzauberung des Wassers. Vielleicht würde es uns gut anstehen, ein paar Gedanken darüber zu verlieren, welch ein Geschenk dieses Element ist.

Wasser – Spiel der Elemente

Vom Stein der Weisen zu neuen Ufern

Vom Altertum bis zum Mittelalter galten Feuer, Wasser, Luft und Erde als die „Elemente" (lat.: Grundstoff, Urstoff), wie man damals sagte, aus denen alle anderen Stoffe zusammengesetzt waren. Sie bildeten – neben der Astrologie – auch die Grundlage für die Experimente der mittelalterlichen Alchemisten. Wasser nahm im Reigen der Elemente seit jeher einen besonders ehrenvollen Platz ein, denn es galt als das Element des Lebens. Die Bedeutung eines Lebensträgers hat das Wasser bis heute beibehalten, doch viele andere Auffassungen des Altertums mußten der im 17. Jahrhundert erblühenden „modernen" Wissenschaft Platz machen. Während die Alchemisten immer noch dem Traum vom „Stein der Weisen" nachhingen, der angeblich unedle Stoffe in Gold verwandelte, hatte – von ihnen unbemerkt – schon der Aufbruch in eine neue Zeit begonnen. Antoine Lavoisier war der Wegbereiter für den neuen Elementbegriff. Er entdeckte im Jahre 1783, daß das angeblich unteilbare Wasser zerlegbar ist und aus den Einzelteilen Wasserstoff und Sauerstoff besteht. Seine rastlose Suche nach weiteren unbekannten Elementen, also nicht mehr weiter teilbaren Substanzen, ließ ihn insgesamt 23 Elemente im heutigen Sinne entdecken. Im Jahre 1808 stellte Dalton die Behauptung auf, daß die Materie aus Atomen (griech. *atom*, unteilbar) aufgebaut sei und folgerte weiter, daß jedes Element aus einer einzigen, genau festgelegten Atomsorte bestehe.

Viele Wissenschaftler beschäftigten sich fortan mit den Eigenschaften der neu entdeckten Stoffe und stießen auf zuvor unbekannte Gesetzmäßigkeiten. Traten die Elemente durch eine Reaktion zu einer neuen Verbindung zusammen, wurden sie immer in ganzzahligen Verhältnissen verbraucht, für die Entstehung von Wasser wurden z. B. zwei Teile Wasserstoff und ein Teil Sauerstoff benötigt. Erst Amedeo Avogadro löste im Jahre 1811 das Geheimnis. Er erkannte, daß die Atome bei der Bildung von neuen Stoffen zu kleinen Einheiten verschmolzen, die er Moleküle (lat. *molecula*, winzig) nannte. Damit waren die Grundlagen für die Entdeckung der Welt durch die Chemie geschaffen.

Das Wassermolekül

Die Reise in die Welt des „Winzigkleinen", also in die Welt der Moleküle, endet für Wasser bei der Formel H_2O.

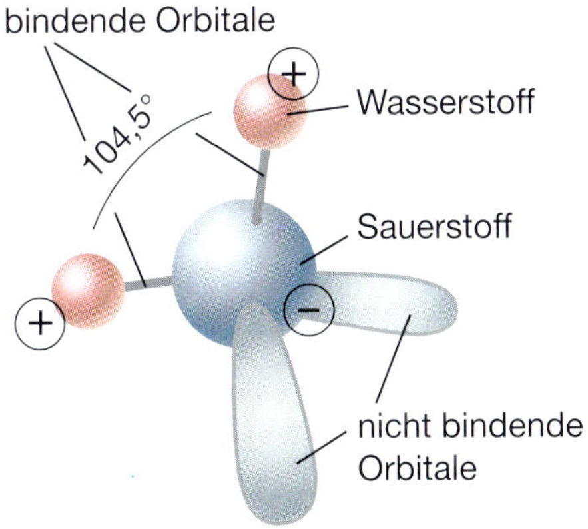

Grafik 1: Durch die Form der Orbitale ergibt sich der besondere Bindungswinkel des Wassers von 104,5°.

Abb. 2: Beim Verbrennen von Wasserstoff entsteht Wasserdampf. Dieser kondensiert an der mit einem Eisbeutel gekühlten Glasplatte und tropft in das Gefäß.

Wasser besteht aus unzähligen solcher H_2O-Moleküle, und oftmals wird die chemische Formel auch als Kurzbezeichnung für Wasser allgemein verwendet. Doch was steckt hinter der Buchstaben- und Zahlenkombination?

In der chemischen Formel H_2O steht H für Wasserstoff (Hydrogenium) und O für Sauerstoff (Oxygenium). Die tiefgestellte Zwei hinter dem Wasser-

stoff zeigt an, daß sich pro Sauerstoffatom zwei Atome Wasserstoff im Wassermolekül befinden.

Wasserstoff ist in reiner Form ein brennbares Gas und zudem das leichteste aller Elemente. Es hat seinen Namen von Antoine Lavoisier erhalten, der die „brennbare Luft" als einen Grundstoff des Wassers entdeckte. Der andere Teil des Wassers, der Sauerstoff, war schon früh als jener Bestandteil der Luft bekannt, der für jegliche Form von Verbrennung nötig war. Die „brennbare Luft", der Wasserstoff, und der zum Verbrennen notwendige Sauerstoff sind daher wie geschaffen für eine Verbindung. Beim Verbrennen von Wasserstoff entsteht also Wasserdampf! Bei der Reaktion der beiden Gase, die auch unter dem Namen „Knallgasreaktion" bekannt ist, wird eine gewaltige Menge Energie frei. Diese Tatsache bringt den Wasserstoff auch immer wieder als alternativen Energieträger ins Gespräch. Obwohl bei der Herstellung von Wasserstoff (aus Wasser) we-

gen der dabei entstehenden Wärmeverluste mehr Energie benötigt wird, als man bei der Verbrennung zurückerhält, hat der neue Treibstoff Vorteile für Mensch und Natur: Statt der gesundheitsgefährdenden Abgase des Benzins würde absolut harmloser Wasserdampf in die Umwelt gepustet. Die ersten Prototypen wasserstoffbetriebener Fahrzeuge drehen bereits ihre Runden, und ein Durchbruch dieser Wasserstofftechnik wäre tatsächlich ein sensationeller Fortschritt in Richtung Umweltschutz, vor allem, da sich für die Erzeugung von Wasserstoff Solarenergie verwenden läßt.

Aber zurück zum Wassermolekül selbst: Wieso verbinden sich denn nun je zwei Wasserstoffatome mit je einem Sauerstoffatom? Der Grund dafür liegt im Aufbau der Atome. Alle Atome bestehen aus zwei Teilen: dem positiven Atomkern, in dem das Gewicht konzentriert ist, und den negativen Elektronen, die diesen auf festgelegten Bah-

Grafik 2:
Der allgemeine
Atomaufbau.

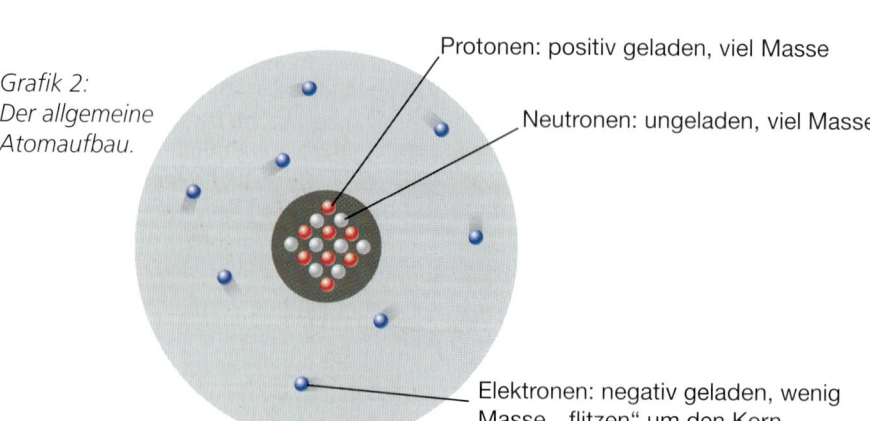

Protonen: positiv geladen, viel Masse

Neutronen: ungeladen, viel Masse

Elektronen: negativ geladen, wenig Masse, „flitzen" um den Kern

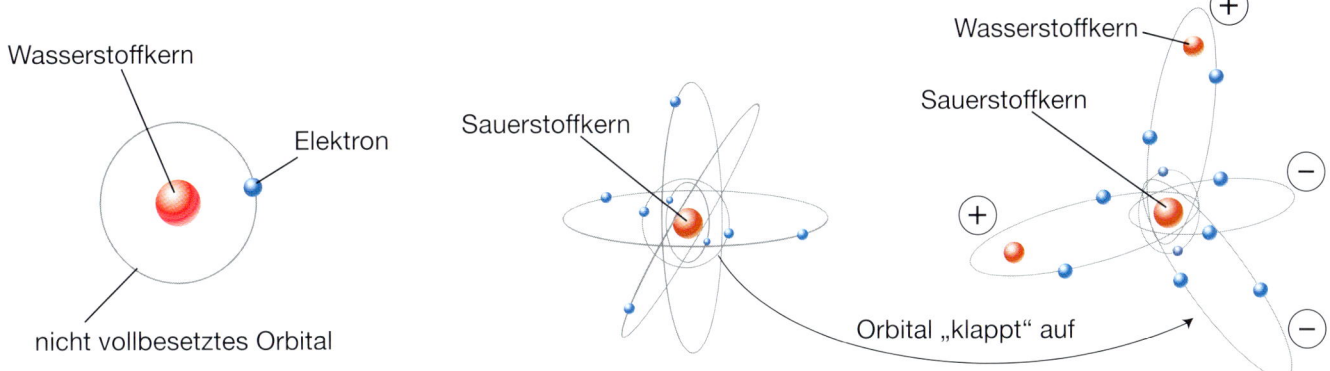

Grafik 3: Schematische Übersicht der Orbitale von Wasserstoff, Sauerstoff und Wasser. Links: Das Wasserstoffatom mit seinem einzigen – nur „halbbesetzten" – Orbital. Mitte: Auch beim Sauerstoffatom sind nicht alle Orbitale komplett – also mit zwei Elektronen – besetzt. Rechts: Zwei Wasserstoffatome bilden mit einem Sauerstoffatom das Wassermolekül. Nun sind alle Orbitale voll besetzt, was dem Molekül seine Stabilität verleiht. Um Platz für die beiden Wasserstoffkerne zu schaffen, verändern die vier äußeren Orbitale des Sauerstoffs ihre Gestalt – die so entstandene Tetraederstruktur ist maßgeblich für die Eigenschaften des Wassers verantwortlich. Das Ladungsungleichgewicht im Wassermolekül – hier durch ⊕- und ⊖-Zeichen dargestellt – macht das Wasser zu der besonderen „polaren" Verbindung.

nen – den Orbitalen – umkreisen. Da sich ungleiche Ladungen anziehen, können die Elektronen den Atomkern nicht verlassen. Ähnlich wie Satelliten um die Erde sind sie in ihren Umlaufbahnen gefangen.

Um einen Atomkern gibt es viele mögliche Orbitale, so z. B. kugelförmige in unmittelbarer Nähe oder keulenförmige, die weit hinausreichen. Jedes dieser Orbitale kann zwei Elektronen aufnehmen, dies ist sozusagen der von der Natur vorgesehene „Idealzustand". Dies ist jedoch nicht für alle Atome möglich. So hat Wasserstoff nur eine positive Kernladung und auch nur ein Elektron, sein einziges Orbital ist daher nur halbbesetzt. Der Sauerstoff hat immerhin acht Elektronen, doch auch

diese sind nicht optimal verteilt: zwei seiner fünf Orbitale enthalten ebenfalls nur ein Elektron (siehe Graphik 3 *oben*). Erst durch den Zusammenschluß des Sauerstoffatoms mit zwei Wasserstoffatomen zu einem Molekül wird der natürliche Idealzustand erreicht: Jedes Wasserstoffatom „leiht" dem Sauerstoff einfach sein Elektron, dieser füllt damit seine Orbitale auf. Die Wasserstoffkerne werden dabei zum zweiten Mittelpunkt der aufgefüllten Orbitale und dadurch festgehalten. Es entsteht eine V-Form und der spezielle Bindungswinkel von H_2O: 104,5°.

Wasser ist polar

Nach einem kurzen Ausflug in die Welt der Orbitale, die die Form des Wasser-

moleküls bestimmen, kann man nun das Bild des Wassermoleküls vereinfacht darstellen: Ein Sauerstoffatom hält an zwei „Ärmchen" zwei Wasserstoffatome fest. Dabei zieht es negative Ladung aus der Hülle der Wasserstoffatome zu sich herüber, so daß die Sauerstoffseite leicht negativ und die Wasserstoffseite leicht positiv geladen ist. Die Existenz eines negativen und positiven Pols nennt sich Polarität, das Wassermolekül wird daher als polar bezeichnet.

Dies hat besondere Konsequenzen für die Anordnung der vielen Wassermoleküle im Wasser. Die Wassermoleküle richten sich wegen der elektrischen Anziehungskräfte so aus, daß das positive Ende eines Moleküls

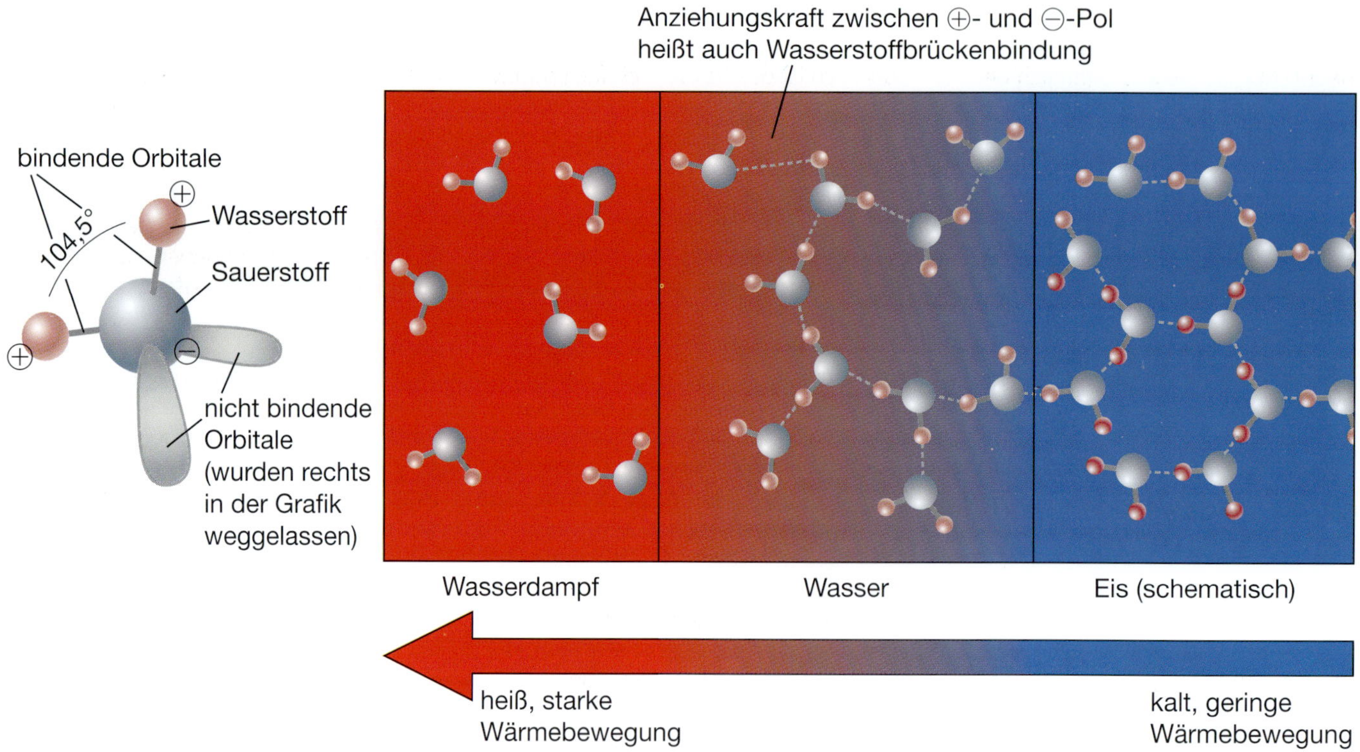

Anziehungskraft zwischen ⊕- und ⊖-Pol
heißt auch Wasserstoffbrückenbindung

bindende Orbitale

104,5°

⊕ Wasserstoff

Sauerstoff

⊕

⊖

nicht bindende
Orbitale
(wurden rechts
in der Grafik
weggelassen)

Wasserdampf

Wasser

Eis (schematisch)

heiß, starke
Wärmebewegung

kalt, geringe
Wärmebewegung

Grafik 4:   Wassermoleküle richten sich aufgrund ihrer Polarität zueinander aus. Im Eis sind die einzelnen Wassermoleküle in einem kristallartigen Gitter angeordnet. Im flüssigen Wasser ordnen sich die Wassermoleküle zwar immer wieder an – sie werden aber auch beständig durch die Wärmebewegung durcheinander gewirbelt. Genau diese Mischung ist typisch für eine Flüssigkeit. Wird die Wärmebewegung noch heftiger, lösen sich die Bindungen endgültig und das Wasser verdampft.

nach Möglichkeit auf das negative Ende eines anderen Moleküls zeigt. Durch die Anziehungskräfte zwischen den Polen haften alle Wassermoleküle aneinander. Beim tropfenden und fließenden Wasser sind es also die polaren Wassermoleküle, die wie eine gigantische Reisegruppe ihren Weg nach Möglichkeit gemeinsam gehen.

Deswegen existieren Gebilde wie Wassertropfen oder der gleichmäßige Strahl aus einem Wasserschlauch. Nur große Wärme kann den Zusammenhalt der Wassermoleküle durch die Wärmebewegung auseinanderreißen: Dann kocht das Wasser und verdampft!

Lösungsmittel Wasser

Lösungsmittel haben einen schlechten Ruf (z. B. in Lacken), um so erstaunlicher ist es daher, daß ausgerechnet das Lebenselement Wasser ein Lösungsmittel sein soll. Tatsächlich ist es doch gerade diese Eigenschaft, andere Stoffe zu lösen, die das Wasser zum Lebenselement macht. Doch was ist mit dem Begriff des „Auflösens" wirklich gemeint? Dies läßt sich am besten am Beispiel Kochsalz erklären, das – wie jeder weiß – gut in Wasser löslich ist.

Kochsalz aufgelöst

Kochsalz (NaCl) besteht aus einem Natrium(Na)- und einem Chlor(Cl)-Atom und ist – in der richtigen Dosis – für uns unentbehrlich.

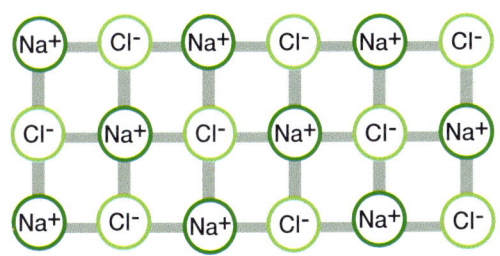

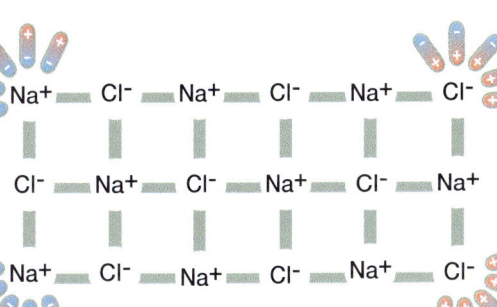

Im Kochsalz haben alle Chloratome je ein Elektron vom Natrium „geliehen", dadurch ist das Natrium einfach positiv (Na$^+$) und das Chlor einfach negativ (Cl$^-$) geladen. Durch die starken Anziehungskräfte zwischen den positiven Natrium- und den negativen Chlorid-Ionen bildet sich ein extrem regelmäßiges Kristallgitter. Einem Salzkörnchen sieht man diese Struktur durch die rechtwinkligen Bruchstellen an, die es zu einer Art Mini-Bauklötzchen machen. Übrigens: Atome, die ganze Ladungen abgeben oder aufnehmen (sich diese also nicht wie im Wassermolekül gemeinsam teilen), nennt man Ionen. Man erkennt sie an dem hochgestellten Plus- oder Minuszeichen. Positive Ionen werden auch als Kationen, negative als Anionen bezeichnet. Stoffe, die ähnlich wie das Kochsalz aus Ionen zusammengesetzt sind, nennt man Salze.

Beim Auflösen von Kochsalz in Wasser geschieht folgendes: Wenn ein Salzkristall ins Wasser fällt, tritt seine Oberfläche mit sehr vielen Wassermolekülen in Kontakt. Wegen der abwechselnden Ladungen der Kochsalz-Ionen müssen sich die Wassermoleküle an der Salzoberfläche entsprechend ausrichten. Sie zeigen den positiven Natrium-Ionen

Grafik 5: Kochsalz ist in Wasser gut löslich.

ihre negative Sauerstoffseite und drehen den negativen Chlorid-Ionen ihre positive Wasserstoffseite zu. Diese Front aus gerichteten Wassermolekülen übt auf die Salz-Ionen eine starke Anziehungskraft aus. Einzelne Ionen trennen sich aus dem festen Salzverbund und werden daraufhin ganz von ausgerichteten Wassermolekülen umgeben, oder anders ausgedrückt, sie „lösen" sich.

Diese Hülle aus Wassermolekülen, die ein gelöstes Ion umgibt, nennt man Hydrathülle, sie kann aus Tausenden ausgerichteter Moleküle bestehen.

Jeder in Wasser lösliche Stoff wird in ähnlicher Weise von einer abschirmenden Hydrathülle umgeben. Ist der Stoff nicht löslich, hat aber ein polares Ende, so bildet sich dort ein Knäuel aus ausgerichteten Wassermolekülen. Dagegen sind unpolare Stoffe eher Fremdkörper im Wasser, da sich um sie keine Hydrathülle bilden kann. Die Voraussetzung für eine Löslichkeit in Wasser ist also die Polarität, daher lösen polare Lösungsmittel wie Wasser bevorzugt polare Stoffe!

Wasserionen – das Geheimnis der Säuren und Laugen

Wasser kann – bedingt durch die abschirmende Wirkung seiner Hydrathüllen – auch selbst in Ionen zerfallen. Dafür gibt ein Wassermolekül einen positiven Wasserstoffkern an ein anderes Wassermolekül ab: Dieses hat nun drei Wasserstoffkerne und ist somit ein einfach positives Kation (H_3O^+). Zurück bleibt ein negatives Anion mit nur einem Wasserstoffkern (OH^-). Die geladenen Moleküle werden sofort durch Hydrathüllen aus ausgerichteten Wassermolekülen stabilisiert.

$$2\,H_2O \quad\longleftrightarrow\quad H_3O^+ \quad OH^-$$

Zwei Wassermoleküle zerfallen in ein H_3O^+-Kation und ein OH^--Anion; diese werden von Hydrathüllen umgeben und sind daher stabil.

Im Mittel sind ca. 2 von 10 Milliarden Wassermolekülen in diesem Zustand, also nur ein verschwindend geringer Anteil. Dabei ist die Anzahl der Wasser-Kationen (H_3O^+) und der Wasser-Anionen (OH^-) in reinem Wasser exakt gleich, da diese paarweise entstehen.

Wird dieses Gleichgewicht jedoch gestört, kann sich der Ablauf vieler im Wasser ablaufender Reaktionen dramatisch ändern. Deswegen hat die Natur uns ein empfindliches Instrument für dieses Gleichgewicht gegeben: Die Zunge! Ist im Wasser ein Übergewicht von Wasser-Kationen (H_3O^+) vorhanden, schmeckt das Wasser sauer. Sind dagegen mehr Wasser-Anionen (OH^-) im Wasser, schmeckt dies fad und seifig.

Damit läßt sich das Geheimnis der Säuren und Laugen entschlüsseln: Eine Säure ist ein Stoff, der – im Wasser aufgelöst – Wasser-Kationen (H_3O^+) bildet, und damit das natürliche Wasserionen-Gleichgewicht stört. Eine Lauge bildet hingegen Wasser-Anionen (OH^-) und

beeinflußt das Gleichgewicht genau in die entgegengesetzte Richtung. Schüttet man Lauge und Säure jedoch zusammen, verbinden sich die Wasser-Kationen und Wasser-Anionen wieder zu Wasser! Deswegen kann man eine Säure mit einer Lauge neutralisieren.

Der pH-Wert

Der pH-Wert ist ein Maß dafür, wie stark das Gleichgewicht zwischen den Säurebildnern (den Wasser-Kationen H_3O^+) und den Laugebildnern (den Wasser-Anionen OH^-) vom neutralen Wert abweicht. Dies ist vergleichbar mit einer Waage: Im selben Maß, wie eine Waagschale nach oben steigt, muß die andere Schale nach unten sinken.

Das Gleichgewicht liegt bei einem pH-Wert von 7. Bei jeder Erhöhung des pH-Werts um eins (z. B. von pH 7 auf pH 8), steigt die Zahl der Laugebildner auf das 10-fache, die Zahl der Säurebildner hingegen fällt auf ein Zehntel ab. Beim pH-Wert 14 sind schließlich nur noch Laugebildner vorhanden. Bei jeder Erniedrigung des pH-Wertes um eins verändern sich die Konzentrationen genau umgekehrt. Die Zahl der Säurebildner erhöht sich jeweils um das 10-fache, während die Zahl der Laugebildner bei jedem Schritt auf ein Zehntel fällt. Beim pH-Wert 0 gibt es nur noch Säurebildner, dann ist sozusagen das andere Ende der Skala erreicht.

Die gesamte pH-Wert-Skala reicht von 0 bis 14. Während man bei einem pH-

Wert von 7 bis 14 allgemein von basischem Wasser oder auch einer Lauge spricht, werden Wässer mit pH-Werten von 7 bis 0 als zunehmend sauer oder auch als Säure bezeichnet. Der für Trinkwasser zulässige pH-Wert liegt zwischen 6,5 und 9,5. Als erfrischend und wohlschmeckend wird Wasser mit einem pH-Wert von 7,5 und kleiner empfunden.

H_3O^+ Ionen	OH^- Ionen	pH-Wert	Geschmack bzw. Beispiele
10^0	10^{-14}	0	„Reine Säure"
10^{-1}	10^{-13}	1	
10^{-2}	10^{-12}	2	Magensaft (pH 2–3)
10^{-3}	10^{-11}	3	Apfel
10^{-4}	10^{-10}	4	Cola
10^{-5}	10^{-9}	5	Mineralwasser (Säuerling)
10^{-6}	10^{-8}	6	sauer
10^{-7}	10^{-7}	7	neutral
10^{-8}	10^{-6}	8	fade
10^{-9}	10^{-5}	9	seifig
10^{-10}	10^{-4}	10	Seifenlösung
10^{-11}	10^{-3}	11	Feinwaschmittel
10^{-12}	10^{-2}	12	
10^{-13}	10^{-1}	13	
10^{-14}	10^{-0}	14	„Reine Lauge"

Kohlensäure im Gleichgewicht

Sprudelwasser ist die beliebteste Variante des Wassers, da es einen besonders erfrischenden, leicht säuerlichen Geschmack hat und zudem die Grundlage für Limonaden und andere Erfrischungsgetränke bildet. Das Sprudeln des Wassers wird durch ein Gas verursacht, nämlich Kohlendioxid (CO_2). Es wird vom Wasser in Form von „hydratisiertem" (siehe *Seite 15*) Kohlendioxid besonders gut gespeichert.
CO_2 kann außerdem mit einem Wassermolekül zu Kohlensäure (H_2CO_3) reagieren, diese ist auch für den säuerlichen

Geschmack verantwortlich. Sprudelwasser läßt sich jedoch nicht nur durch die Zugabe von CO_2 erzeugen. Gibt man Natriumhydrogencarbonat (NaHCO$_3$), das als Natron in jedem Supermarkt erhältlich ist, zusammen mit einer Säure, zum Beispiel mit der geschmacksgebenden Zitronensäure (liefert im Wasser H_3O^+), in ein Glas Wasser, entsteht auf chemischem Wege Kohlensäure, die wiederum Kohlendioxid erzeugt. Dieses und ähnliche Rezepte sind als Brause bekannt. Wir haben ein einfaches Rezept für eine Brause entwickelt, das mit der besser verdaulichen Äpfelsäure und Ballastsüße zusätzlich einen Beitrag zur Gesundheit leistet:

Erfrischende Ballastbrause
(für 25 Gläser)

2 geh. TL (20 g)	Natron
4 geh. EL (40 g)	Äpfelsäure
10 geh. EL (75 g)	Ballastsüße HT

Natron, Äpfelsäure und Ballastsüße in ein sauberes Gefäß, z.B. ein Marmeladen- oder Joghurtglas (ca. 200 Milliliter), füllen, verschließen und kurz schütteln. Pro Glas Wasser (ca. 200 Milliliter) einen gehäuften Teelöffel der Brause einrühren. **Ballastsüße HT** ist ein weißes Pulver, das kalt löslich ist, aber auch in heißen Getränken oder zum Kochen verwendet werden kann. Sie enthält überwiegend Oligofructose, ca. 25 % Gummar HT und außerdem den Süßstoff Acesulfam – eine ideale Kombination aus Ballaststoffen und Süßkraft.

Hartes Wasser – weiches Wasser

„Wasser hinterläßt keine Flecken", so lautet eine oft zitierte Redewendung, doch sieht die Wirklichkeit leider anders aus. Matte Fliesen statt Spiegelglanz auf den Kacheln, fleckige Armaturen und sonstige Kalkablagerungen in Küche, Bad und WC lassen uns oft verzweifeln. Die Hauptbestandteile dieser weißlichen Rückstände, die beim Verdunsten des Wassers zurückbleiben, sind Calciumcarbonat ($CaCO_3$) und Magnesiumcarbonat ($MgCO_3$). Mit Hilfe der Kohlensäure können diese schwerlöslichen Salze als Calcium- und Magnesiumhydrogencarbonat (Ca[HCO$_3$]$_2$ und Mg[HCO$_3$]$_2$) im Wasser existieren.

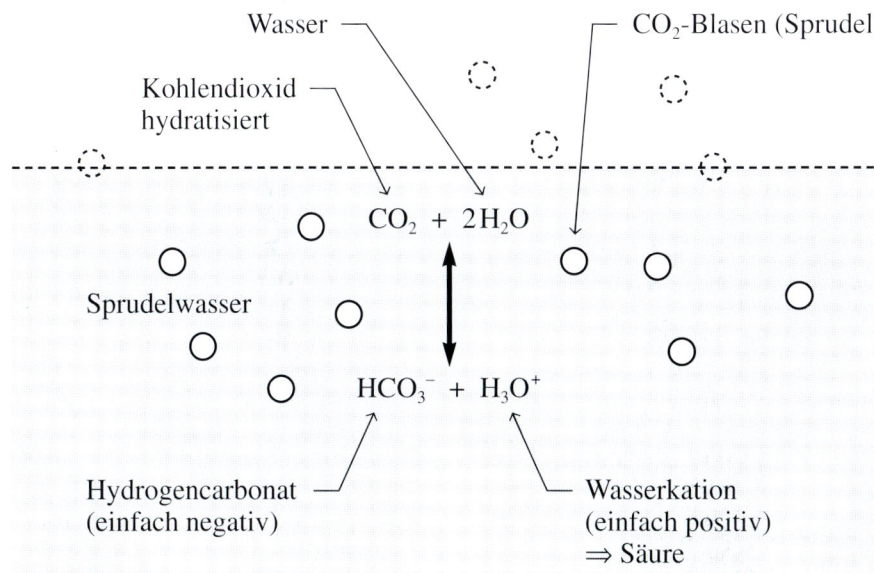

Grafik 6:   Kohlensäure im Gleichgewicht.

Sie werden durch kohlendioxidhaltiges Grundwasser (und damit auch kohlensäurehaltiges Wasser) aus unterirdischen Gesteinsschichten gelöst. Wasser, das viel Calcium und Magnesium aufgenommen hat, wird als hartes Wasser bezeichnet. Die Bezeichnung „Hartes Wasser" hat seinen Ursprung übrigens in der hohen Oberflächenspannung dieses Wassers.

Wenn Kalk „ausfallend" wird

Wenn hartes Wasser erhitzt wird, wird es milchig trüb, man sagt auch: der Kalk „fällt aus". Die Kohlensäure im Wasser ist nur stabil, wenn genug Kohlendioxid vorhanden ist. Heißes Wasser verliert das Kohlendioxid und damit auch die Kohlensäure. Die durch Kohlendioxid bzw. Kohlensäure gebildete Hydrogencarbonat-Verbindungen geben ihr Kohlendioxid (CO_2) ebenfalls frei und verwandeln sich in Carbonat-Verbindungen zurück. In dieser unlöslichen Form lagern sie sich als sogenannter Kesselstein am Topfboden ab.

Abb. 3:   Unlösliche Carbonate lagern sich als sogenannter Kesselstein ab.

Hartes Wasser und die Gesundheit

Hartes Wasser ist für die Gesundheit des Menschen sehr positiv, denn die Mineralien Calcium und Magnesium bilden eine nützliche Ergänzung des täglichen Mineralstoffbedarfs. Gerade dem Hauptbestandteil Calcium wird bei der Arterienverkalkung sogar eine Schutzwirkung zugesprochen. „Verkalktes" Wasser erzeugt also keineswegs eine Arterienverkalkung, wie manchmal behauptet wird, sondern beugt ihr eher vor!
Die Deutsche Gesellschaft für Ernährung (DGE) weist zudem häufig darauf hin, daß die Calciumversorgung einiger Bevölkerungsgruppen als mangelhaft einzustufen ist. Was den Geschmack angeht, ist kalkhaltiges Wasser sowieso kein Nachteil, wie schon die Vorliebe der römischen Gaumen für solches Wasser gezeigt hat. Allerdings behaupten zahlreiche Teetrinker, hartes Wasser schade dem Teegenuß. Doch hier kann leicht Abhilfe geschafft werden: Durch etwas längeres Kochen (ein bis zwei Minuten) „verwandelt" sich die Wasserhärte in Kesselstein und der Einsatz von Wasserfiltern wird überflüssig.

Abb. 4:   Durch Kalkablagerungen entstanden diese beiden Höcker.

Tip: Kaffee schmeckt im übrigen mit hartem Wasser besonders gut, es wird daher sogar empfohlen bei sehr weichem Wasser den Kaffee mit einer Prise Salz zu würzen.

Achtung: Wasserfilter enthalten manchmal Zusätze von Silberionen, die die hohe Verkeimungsgefahr der feinporigen Filter senken sollen. Die Silberionen verschlechtern die Wasserqualität, oftmals wird sogar der Grenzwert von 0,01 mg/l der Trinkwasserverordnung (siehe *Seite 27*) überschritten. Dann handelt es sich bei dem gefilterten Wasser nicht mehr um Trinkwasser! Silber wird vom menschlichen Organismus nicht benötigt und kann in erhöhter Dosis schädlich sein. Es schadet zudem über das Abwasser dem Ökosystem der Oberflächengewässer. Deshalb raten wir von solchen Filtern ab.

Wasser in der Natur

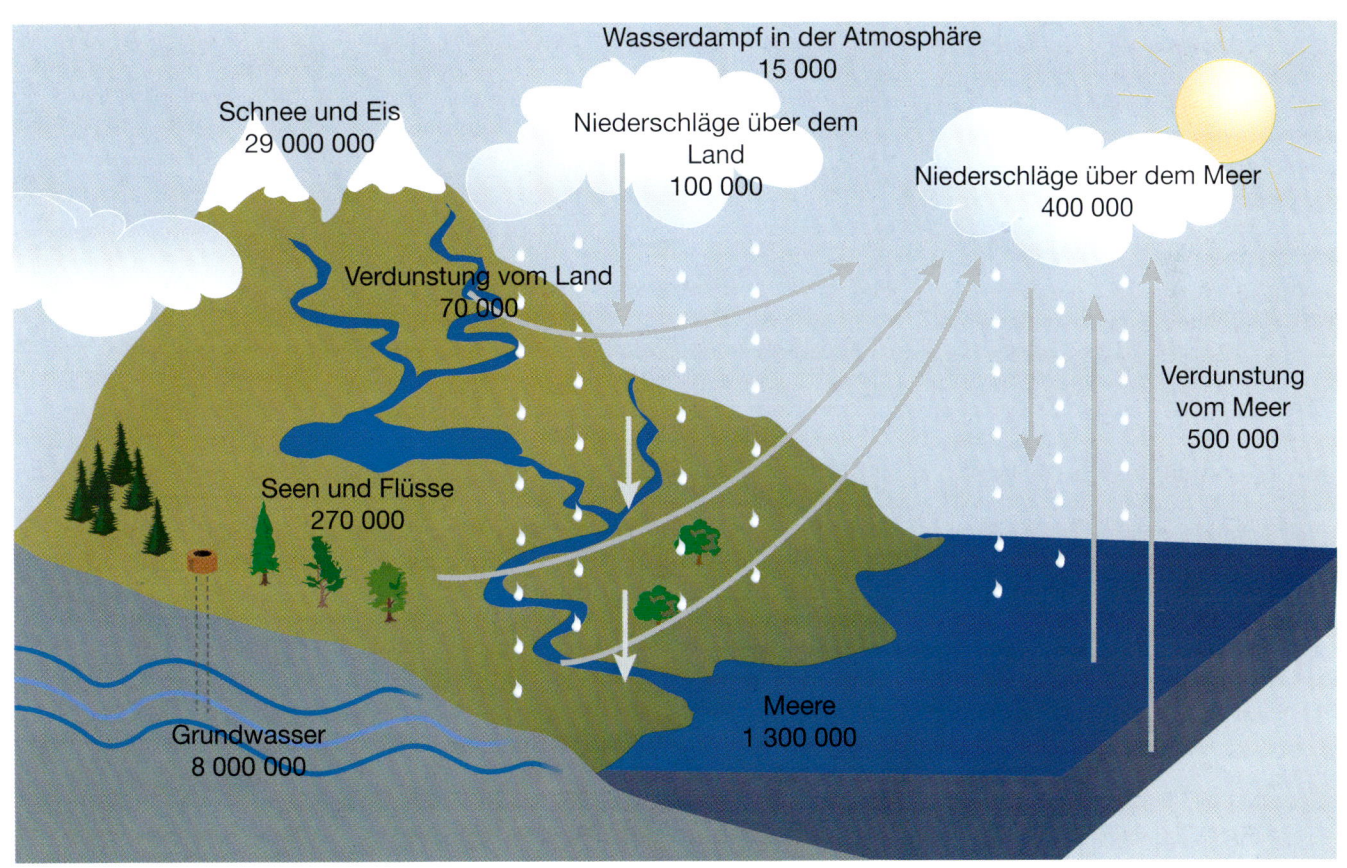

Grafik 7: Der Wasserkreislauf der Erde. Die Zahlen sind in Kubikkilometern pro Jahr angegeben.

Der Wasserkreislauf

Vor ca. 4,5 Milliarden (4 500 000 000) Jahren war unser Planet ein unwirtlicher Ort. Noch war die Erde zu heiß für die Bildung der Meere und das Wasser hielt sich in Form von Dampf ausschließlich in der Atmosphäre auf. Daneben waren auch andere Gase wie Kohlendioxid (CO_2), Schwefelwasserstoff (H_2S), Kohlenmonoxid (CO), Methan (CH_4) und Ammoniak (NH_3) in der Uratmosphäre enthalten, doch von dem für das Leben so wichtigen Sauerstoff fehlte zunächst jede Spur. In den nächsten 500 Millionen Jahren kühlte die Erde allmählich ab, schließlich regnete es sozusagen „zum ersten Mal", und die Urozeane füllten sich.

Abb. 5:   Nur 0,6 % des gesamten Wasservorkommens ist für uns nutzbar.

Eine unerschöpfliche Energiequelle, die Sonne, trieb das Wasser der Ozeane zu einem gewaltigen Kreislauf an. Mit einer Leistung von nahezu einer Kilowattstunde pro Quadratmeter ließ sie tagtäglich riesige Mengen Wasser verdampfen. Die so entstandenen Wolken regneten in kälterer Luft wieder ab. Die Regenschauer, die nun ständig auf die nackten Landmassen niederprasselten, lösten zahlreiche Mineralien aus dem Boden und spülten sie ins Meer, wo sie sich immer mehr konzentrierten. Der Regen wusch auch allmählich die reaktiven Gase aus der Atmosphäre, so daß ihre Zusammensetzung der heutigen Luft immer ähnlicher wurde. Schließlich entstanden in den Ozeanen erste Lebensformen, darunter vor ca.

3,7 Milliarden Jahren auch Algen, die die Atmosphäre durch ihren Stoffwechsel mit Sauerstoff anreicherten. Am Kreislauf des Wassers hat sich bis heute nichts geändert. Die „Wettermaschine", wie Meteorologen die atmosphärischen Vorgänge gerne nennen, läuft noch immer auf vollen Touren. Pro Minute verdampft von den 1,5 Milliarden km^3 Wasser der Erde (das entspricht einem Würfel von 1145 Kilometern Kantenlänge) ungefähr 1 km^3. Die dafür erforderliche Energie beträgt 700 Milliarden Kilowattstunden, anschaulich würde das selbst bei einem Strompreis

von nur einem Pfennig pro Kilowattstunde noch 7 Milliarden DM pro Minute entsprechen!

Der größte Wasseranteil der Erde befindet sich als Salzwasser in den Meeren (94 %). Auf tief gelegenes Grundwasser entfallen 4 % und auf die Polkappen und Gletscher ca. 1,4 %. Nur 0,6 % ist zugängliches Süßwasser, also für uns tatsächlich nutzbares Wasser. Das Oberflächenwasser macht wiederum nur 3 % dieser Süßwassermenge aus, so daß fast das gesamte Süßwasser als Grundwasser in der Erde verborgen ist. Der Anteil des in der Atmosphäre gespeicherten Wassers ist dagegen geradezu vernachlässigbar gering, er beträgt ungefähr 0,001 % des Gesamtwassers. Durch Regen und Wiederverdunstung wird dieser atmosphärische Anteil ca. 35mal im Jahr komplett ausgetauscht.

Grundwasser – vom Regen in die Traufe?

Der Weg des Wassers von der Wolke bis zum Grundwasser ist lang – und schmutzig! Regenwasser ist nämlich gerade zu Beginn eines Schauers keineswegs sauber, da die Regentropfen sich bevorzugt an kleinen Staubteilchen bilden und so im ersten Schwung viele Schadstoffe aus der Luft waschen. Auf diese Weise gelangen Schwermetalle aus Abgasen und viele andere Formen von Staub durch den Regen auf die Erde. Auf Straßen zurückgebliebener Reifen- und Teerabrieb wie natürlich auch Ölrückstände der Motoren tun ihr übriges, um das sogenannte Oberflächenwasser zu verschmutzen.
Auf dem Weg in den Boden kommen weitere Belastungen aus anderen Quellen hinzu: Müllablageplätze gewerblicher oder unerlaubter Art, Industriedreck aus vergangener Zeit und undichte Kanalisationsanlagen bilden einen undurchschaubaren Belastungscocktail. Auch die Landwirtschaft fügt durch Herbizide und Pestizide – völlig legal – Stoffe hinzu, die eher auf die Sondermülldeponie als ins Wasser gehören.

Das auf diese Weise mehr oder weniger belastete Oberflächenwasser sickert nun langsam in tiefere Erdschichten. Im Erdreich können durch mechanische Filterung in den natürlichen Gesteinsschichten und biologischen Abbau viele Verbindungen auf ihrem Weg ins Grundwasser aufgehalten und zersetzt werden. Die Reinigungskraft der verschiedenen Schichten bis zum Grundwasser ist enorm, die Natur übertrifft hier alle bekannten technischen Verfahren. Trotzdem kann selbst die beste natürliche Filterung nicht dauerhaft allen Schadstoffen standhalten, daher ist der Schutz des Oberflächenwassers – also auch von Flüssen und Seen – gleichzeitig Grundwasserschutz.

Abwasser

Klärwerke übernehmen heute die zum Teil schwierige Aufgabe, die Abwässer aus Haushalt und Industrie zu reinigen. Da diese Reinigung jedoch nie vollständig ist, wird das geklärte Abwasser wieder dem Oberflächenwasser – also den Flüssen oder dem Meer – zugeführt. Hier kann in begrenztem Maße eine weitere biologische Reinigung stattfinden. Das beste Abwasser ist aber immer noch das, das gar nicht erst entsteht.
In manchen Fällen bietet sich als Alternative die Verwendung geschlossener Kreisläufe an. Ein Industrieunternehmen z. B. weiß selbst am besten, welche Wasserqualität es benötigt, welche Stoffe also sorgsam aus einem solchen Kreislauf entfernt werden müssen und

welche darin verbleiben können. Abwasser würde dann zumindest dort gar nicht mehr entstehen. So könnten sich am Ende vielleicht doch noch Ökologie und Ökonomie vereinen.

Grundwasser per Gesetz geadelt: Mineral- und Heilquellen

Der Begriff des Natürlichen Mineralwassers ist durch die Mineral- und Tafelwasserverordnung (MTVO) festgelegt. Es muß sich hier um Quellen „unterirdischer Herkunft" und „natürlicher Reinheit" handeln, d. h. es dürfen keine Verunreinigungen durch menschlichen Einfluß (z. B. Pestizide, Düngemittel) vorhanden sein. Die Wasservorkommen befinden sich in tiefgelegenen unterirdischen Schichten, die nur in geringem Maße mit der Außenwelt in Verbindung stehen. Manchmal dauert es Jahrtausende, bis das Oberflächenwasser zu den unterirdischen Reservoirs durchgesickert ist. Das ist allerdings nicht die Regel, der Schnitt liegt bei den Mineralwässern aber immerhin bei einigen Jahren.
Übrigens sind solche tiefgelegenen Grundwasservorkommen gar nicht so selten, sie speichern einen Anteil von ca. 4 % des gesamten Wasservorkommens der Erde; das ist mehr als das Sechsfache des für uns erreichbaren Süßwassers. Auch Heilwasser stammt

Man darf in diesem Zusammenhang allerdings nicht übersehen, daß die Mineralstoffzufuhr durch Mineralwasser meist zu gering ist, um den täglichen Bedarf zu decken. Zudem enthalten „feste" Lebensmittel wie eine Scheibe Vollkornbrot schon ein Vielfaches der Mineralmenge, die in einem Glas Mineralwasser vorkommt.

Im Gegensatz zu den Mineralwässern ist Heilwasser nicht als Nahrungsmittel gedacht. Hier sind oft erheblich höhere Konzentrationen einzelner Mineralien vorhanden als im Mineralwasser, die bestimmte therapeutische Wirkungen entfalten, aber bei Überdosierung auch schädlich sein können. Zum Beispiel verbessern stark kochsalzhaltige Quellen – die man als Sole bezeichnet – durch ihren hohen Natriumgehalt die Blutfließeigenschaften, sind allerdings nicht für Hochdruckkranke geeignet. Säuerlinge sind Heilwasserquellen mit hohem Kohlensäuregehalt, die oft bei Magenschleimhautentzündung und

Abb. 6: Der Begriff des Natürlichen Mineralwassers ist durch die Mineral- und Tafelwasserverordnung (MTVO) festgelegt.

aus solchen unterirdischen Lagern, allerdings unterliegen diese Wässer dem Arzneimittelgesetz und nicht der MTVO. Natürliche Mineralwässer enthalten meistens mehr als ein Gramm gelöster Mineralien pro Liter, diese Mindestmenge war früher sogar gesetzlich vorgeschrieben, mittlerweile reicht jedoch auch die nachgewiesene ernährungsphysiologische Wirkung des Wassers aus.

Abb. 7: Verschiedene Heil- und Mineralwässer. Heilwasser enthält oft erheblich höhere Konzentrationen an Mineralien als Mineralwasser.

Sodbrennen helfen, und sulfatreiche Wässer können die Verdauung anregen. Diese Liste läßt sich weiter fortsetzen, allerdings ist für eine dauerhafte Anwendung die Beratung durch einen Arzt sinnvoll.

Es gibt zahlreiche Heilquellenbetriebe in Deutschland, die sowohl Wasser abfüllen und versenden, aber auch vor Ort – frisch aus der Quelle – ausschenken. Ein Besuch lohnt sich bestimmt, denn auch Gesunde dürfen mal ein Glas der „Mineralbombe" Heilwasser genießen.

D ie Verbindung zwischen der Reinheit und dem Mineralstoffgehalt der Mineralwässer ergibt sich durch die Tiefe der Lagerstätten. Bei der langen Durchquerung der geologischen Schichten werden sowohl Schadstoffe entfernt als auch Mineralstoffe hinzugefügt.

Bei den sogenannten Mineralien handelt es sich eigentlich um Mineralsalze. Auf den Etiketten der Mineralwässer werden die Salze als Ionen (siehe *Seite 15*) angegeben. Wenn also z. B. auf der Kationenseite Natrium (Na^+) und auf der Anionenseite Chlorid (Cl^-) in ähnlichen Mengen auftaucht, heißt das, daß Kochsalz (NaCl) im Wasser gelöst ist. Natrium- und Chlorid-Ionen (Na^+ und Cl^-) werden durch kochsalzhaltige (NaCl) Lagerstätten ins Wasser abgegeben. Sulfat-Anionen (SO_4^{2-}) kommen durch tonhaltige Gesteine und auch durch Sandsteine und Kalksteine hinzu, da

Abb. 8:
Auf den Etiketten der Mineralwässer werden die in Ionen zerfallenen Salze als Kationen (+) und Anionen (–) aufgelistet. Kochsalz (NaCl) trägt so z. B. Na^+ und Cl^--Ionen bei.

diese Gesteine die Verbindungen Mangansulfat ($MnSO_4$), Magnesiumsulfat ($MgSO_4$) und Natriumsulfat (Na_2SO_4) enthalten. Gleichzeitig werden natürlich die zum Sulfat-Anion gehörenden Kationen Mangan (Mn^{2+}), Magnesium (Mg^{2+}) und Natrium (Na^+) im Wasser gelöst.

Wenn das Wasser unterirdisch mit Kohlendioxid, z. B. aus ersterbenden Vulkanen, angereichert wird, können einige Mineralien besonders gut aufgenommen werden, denn durch die entstehende Kohlensäure wird die Bildung von Hydrogencarbonaten begünstigt (siehe *Seite 17*). Häufig sind dann z. B. Calcium- und Magnesiumhydrogencarbonat ($Ca[HCO_3]_2$, $Mg[HCO_3]_2$) enthalten. Der natürliche Kohlendioxidgehalt hat dem Mineralwasser auch seine landläufige Bezeichnung „Sprudel" eingetragen.

Der Griff zu Wasserhahn und Wasserflasche – das Lebensmittel Wasser

Abgefüllt – Wasser in der Flasche

Natürliches Mineralwasser, aber auch Tafel- und Quellwasser unterliegen nicht den verschärften Bestimmungen der Trinkwasserverordnung (TrinkwV) wie das Leitungswasser, sondern der Mineral- und Tafelwasserverordnung (MTVO). Von diesem Wassertrio besitzt Mineralwasser die höchste Qualität, es muß „... seinen Ursprung in einem unterirdischen, vor Verunreinigungen geschützten Wasservorkommen ..." haben und von ursprünglicher Reinheit sein, aber auch ernährungsphysiologische Wirkung aufweisen. Die chemischen Grenzwerte sind bei Mineralwasser nur bezüglich der zehn Schadstoffe Arsen, Cadmium, Chrom, Quecksilber, Nickel, Blei, Antimon, Selen, Borat und Barium geregelt. Sie entsprechen (bis

Abb. 9: Mineralwasser unterliegt der Mineral- und Tafelwasserverordnung.

Stoff	Mineralwasser (mg/l)	Trinkwasser (mg/l)
Arsen	0,05	0,01
Cadmium	0,005	0,005
Chrom, gesamt	0,05	0,05
Quecksilber	0,001	0,001
Nickel	0,05	0,05
Blei	0,05	0,04
Antimon	0,01	0,01
Selen, gesamt	0,01	0,01
Borat	30	1 (Bor statt Borat)
Barium	1	1

Tabelle 1:
Die zehn Grenz-werte von Mine-ralwasser im Ver-gleich zu Trink-wasser.

auf den fünfmal höheren Arsenwert!) allgemein den entsprechenden Werten der TrinkwV. Stoffe menschlicher Herkunft dürfen wegen der „natürlichen Reinheit" nicht enthalten sein.
Für Quell- und Tafelwasser wird die „natürliche Reinheit" nicht mehr gefordert, hier gelten – allerdings abgeschwächt – Teile der Trinkwasserverordnung. Quellwasser entspricht also von der Qualität her dem Leitungswasser. Tafelwasser ist letztlich ein Kunstprodukt aus Trink-, Mineral- und Meerwasser sowie Zusätzen von verschiedenen Mineralien und Kohlensäure. Der Zusatz von Meerwasser muß auf dem Etikett vermerkt werden.
Natürlich müssen alle drei Wasserarten mikrobiologisch einwandfrei sein, dabei sind die Richtwerte hier sogar etwas strenger als beim Trinkwasser. Kontrol-

liert wird am Austrittsort und zwölf Stunden nach Abfüllung. Danach bleiben die abgefüllten Wässer jedoch sich selbst überlassen, Keime können sich vermehren. Zudem hat es der Gesetzgeber versäumt, zwingende Kontrollzyklen vorzuschreiben, wie es beim Trinkwasser der Fall ist. So bleibt die Durchführung solcher Untersuchungen der Einschätzung des Unternehmers überlassen.

Gerade wenn Abfüllanlagen im Wechsel auch gesüßte Getränke abfüllen, kann es bei mangelhafter Spülung zu Bakterienbefall kommen. Die Anzahl solcher Bakterien nimmt beim Lagern und Ausliefern unter Umständen bedenkliche Werte an und kann die menschliche Gesundheit – insbesondere kranker oder geschwächter Menschen – schädigen. Allgemein sind stille Wässer wegen des geringen Koh-

lensäuregehalts wesentlich empfindlicher gegenüber Verkeimungen. Der Direktor des Instituts für Hygiene der FU Berlin, Prof. Dr. Henning Rüden, warnte vor einiger Zeit in einem Interview der Stiftung Warentest vor teilweise besorgniserregenden Keimzahlen. Wer stilles Wasser bevorzugt, ist daher besser beraten, dieses durch Umquirlen von normalem Mineralwasser herzustellen.

Ursprüngliche Reinheit?

Tatsächlich ist der Anspruch der natürlichen Reinheit heute immer schwieriger einzuhalten, denn die Verschmutzung durch Düngemittel oder andere Stoffe dringt mit der Zeit auch in die tiefgelegenen Wasservorräte der Mineralbrunnen vor. Ist jedoch ein Stoff menschlicher Herkunft nachweisbar, verstößt dies gegen die MTVO, und die Quelle muß geschlossen werden. Da die Meßtechnik immer empfindlicher wird, ist der Unternehmer sozusagen in der Zwickmühle. Mißt er genau, läuft er Gefahr, die Quelle zu verlieren, mißt er mit älteren Methoden, kann er mögliche Gefahren nicht voraussehen. Der „Grenzwert Null" führt daher schließlich zum Fehlen sämtlicher Angaben über Giftstoffe menschlicher Herkunft wie Pestizide oder Herbizide. Das Versprechen hoher Qualität muß der Verbraucher den Herstellern also blind glauben – eine Situation, die auch seitens der Mineralwasserindustrie nicht gewollt sein kann.

Auch das Fehlen von Grenzwerten für die eigentlich gesunden Mineralien bringt Probleme mit sich. Bei manchen Mineralwässern ist z.B. der Natrium- oder Fluorgehalt für den Dauergenuß gefährlich hoch, solche Wässer sind jedoch wenigstens gekennzeichnet. Anders sieht das bei Mangan aus, das bei Säuglingen ähnlich schlimme Auswirkungen hat wie Kupfer (siehe *Seite 31*). Hier existiert weder Grenzwert noch Kennzeichnungspflicht! In einer Untersuchung des Bundesgesundheitsamtes von 1991 wurden von 154 untersuchten Mineralwässern vier gefunden, die mehr als ein Milligramm Mangan pro Liter enthielten, zwei davon waren sogar unverständlicherweise zur Zubereitung von Säuglingsnahrung empfohlen. Zum Vergleich: Der unbedenkliche Grenzwert für Säuglinge liegt nach Prof. H. Dieter vom Bundesgesundheitsamt bei 0,2 mg/l, dieser wurde also um mehr als 500 % überschritten!

Unser Leitungswasser – besser als sein Ruf

Jeder Liter Wasser, der unseren Wasserhahn erreicht, muß die strengen Grenzwerte der Trinkwasserverordnung (TrinkwV) erfüllen, egal ob er später zum Duschen, Kochen oder gar für die Klospülung verwendet wird. Dabei geht die Verantwortung des Wasserwerks bis zum Hausanschluß, eine aktuelle Analy-

Stoff	Grenzwert (mg/l)
Antimon	0,01
Arsen	0,01
Blei	0,04
Cadmium	0,005
Chrom	0,05
Cyanid	0,05
Fluorid	1,5
Nickel	0,05
Nitrat	50
Nitrit	0,1
Quecksilber	0,001
Selen	0,01
Polycyclische aromatische Kohlenwasserstoffe	0,0002
Organische Chlorverbindungen, darin maximal Tetrachlorkohlenstoff	0,01 0,003
Pestizide, Herbizide einschließlich toxischer Hauptabbauprodukte einzelner Stoffe, gesamte Menge	0,0001 0,0005

se des hier angelieferten Wassers kann man kostenlos beim Wasserwerk anfordern, manchmal sind die Werte sogar auf der Wasserrechnung angegeben. In der TrinkwV sind jedoch nicht nur scharfe Grenzwerte, sondern auch Mindest-Kontrollzyklen für die Entnahme

Tabelle 2: Anlage 2 der TrinkwV. Die aufgeführten Grenzwerte sind mindestens ein- bis zweimal jährlich vom Wasserwerksbetreiber zu überprüfen. Besonders niedrig und damit vorbildlich sind die Grenzwerte für Pestizide und ihre Abbauprodukte.

und Untersuchung der Proben vorgeschrieben. Wie die Deutsche Gesellschaft für Ernährung (DGE) kürzlich hervorhob, ist Trinkwasser durch diese Kontrollen sogar **das am besten kontrollierte Lebensmittel** überhaupt.

Die Kontrolle umfaßt zwei wichtige Bereiche: Zum einen die Einhaltung zahlreicher chemischer Grenzwerte von Arsen bis zu den Pestiziden, zum anderen die mikrobiologische Reinheit, auf die ebenfalls besonderer Wert gelegt wird. Meistens werden zudem physikalische Größen wie der pH-Wert, die Temperatur, die Trübung und der elektrische Leitwert des Wassers ständig mitkontrolliert.
Einheitlich geregelt sind in der TrinkwV die Grenzwerte bekannter Schadstoffe, so z.B. für Pestizide, Blei, Polycyclische aromatische Kohlenwasserstoffe (PAK) und viele andere Substanzen aus dem Horrorkabinett der Chemie. Dabei sind die Grenzwerte vorbildlich, so liegt der Wert für Pestizide mit $0{,}1\mu g$ pro Liter praktisch an der Nachweisgrenze. Die Grenzwerttabelle heißt im Behördendeutsch schlicht „Anlage 2".
Ergänzt wird diese „Anlage 2" genannte Liste durch die „Anlage 4" (siehe

Physikalisch-chemische Kenngrößen	
Temperatur	25 °C
pH-Wert	6,5 – 9,5
Grenzwerte für chemische Stoffe (mg/l)	
Aluminium	0,2
Ammonium	0,5
Barium	1
Bor	1
Calcium	400
Chlorid	250
Eisen	0,2
Kalium	12
Kjedahlstickstoff	1
Magnesium	50
Mangan	0,05
Natrium	150
Phenole	0,0005
Phosphor	6,7
Silber	0,01
Sulfat	240
Gelöste Kohlenwasserstoffe, Mineralöl	0,01
Mit Chloroform extrahierbare Stoffe	1
anionische Tenside und nichtionische Tenside	0,2

Tabelle 3: Anlage 4 der TrinkwV. Art und Umfang der Untersuchungen dieser Inhaltsstoffe werden meist vom Gesundheitsamt bestimmt. Die zuständige Behörde bzw. das Gesundheitsamt kann auch die Untersuchung weiterer Stoffe anordnen. Außerdem hat sie uneingeschränktes Zutrittsrecht zur Besichtigung und Kontrolle des Wasserwerks und der Rohwassergewinnung.

Tabelle 3 *links*). Hier sind auch die Grenzwerte für Stoffe aufgeführt, die in beschränktem Umfang ungefährlich oder sogar erwünscht sind, so z. B. die für Mineralsalze.

Auch bei der Überprüfung der mikrobiologischen Reinheit ist die Vorgehensweise fest vorgeschrieben. Standardmäßig untersucht wird das Trinkwasser auf drei Keimarten: *Escherichia coli*, Coliforme und Fäkalstreptococcen. Als weiteres wichtiges Kriterium für hygienisch einwandfreies Wasser wird zusätzlich die sogenannte Kolonie- oder Keimzahl bestimmt. Hierbei werden alle Bakterienarten erfaßt. Eine Keimzahl bis 100 pro Milliliter hat sich in der über 100jährigen Tradition der Wasserhygiene als unbedenklich erwiesen, auch hier gibt es – wie überall in der Natur – keine absolute Keimfreiheit. Eine natürliche Quelle hat z. B. immer eine bestimmte Mikroflora, und auch Mineralwasser ist nicht steril, wie selbst die Hersteller ausdrücklich betonen. Ein paar Keime sind noch kein Alarmzeichen, doch stark erhöhte Zahlen weisen auf die Vermehrung einer speziellen – vielleicht schädlichen – Spezies hin. Falls der Grenzwert von 100 Keimen pro Milliliter überschritten wird, folgen weitere Untersuchungen, um die Art der Mikroben zu ermitteln.

Rohwasser – der Rohstoff der Wasserwerke

Die Versorgung mit Trinkwasser laut TrinkwV ist natürlich bei entsprechend reinem Rohwasser leichter zu erfüllen. Gute Rohwasserquellen in diesem Sinne sind z. B. Grundwasserbrunnen. Auch Talsperren liefern geeignetes Rohwasser, doch kann es schon einmal zu Verschmutzungen durch Oberflächenwasser kommen, so daß hier ein erhöhter Kontrollbedarf besteht. Der große Wasserverbrauch der Großstädte und be-

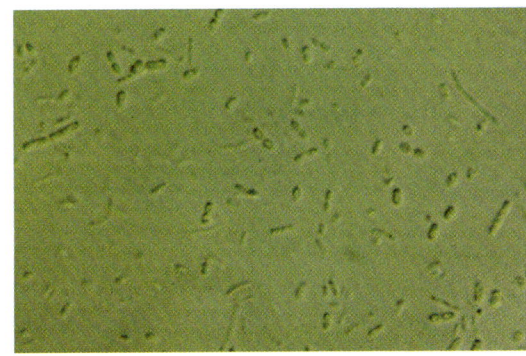

Abb. 10: Escherichia coli ist ein sogenanntes Zeigerbakterium, mit dem sich eine Verunreinigung des Wassers nachweisen läßt.

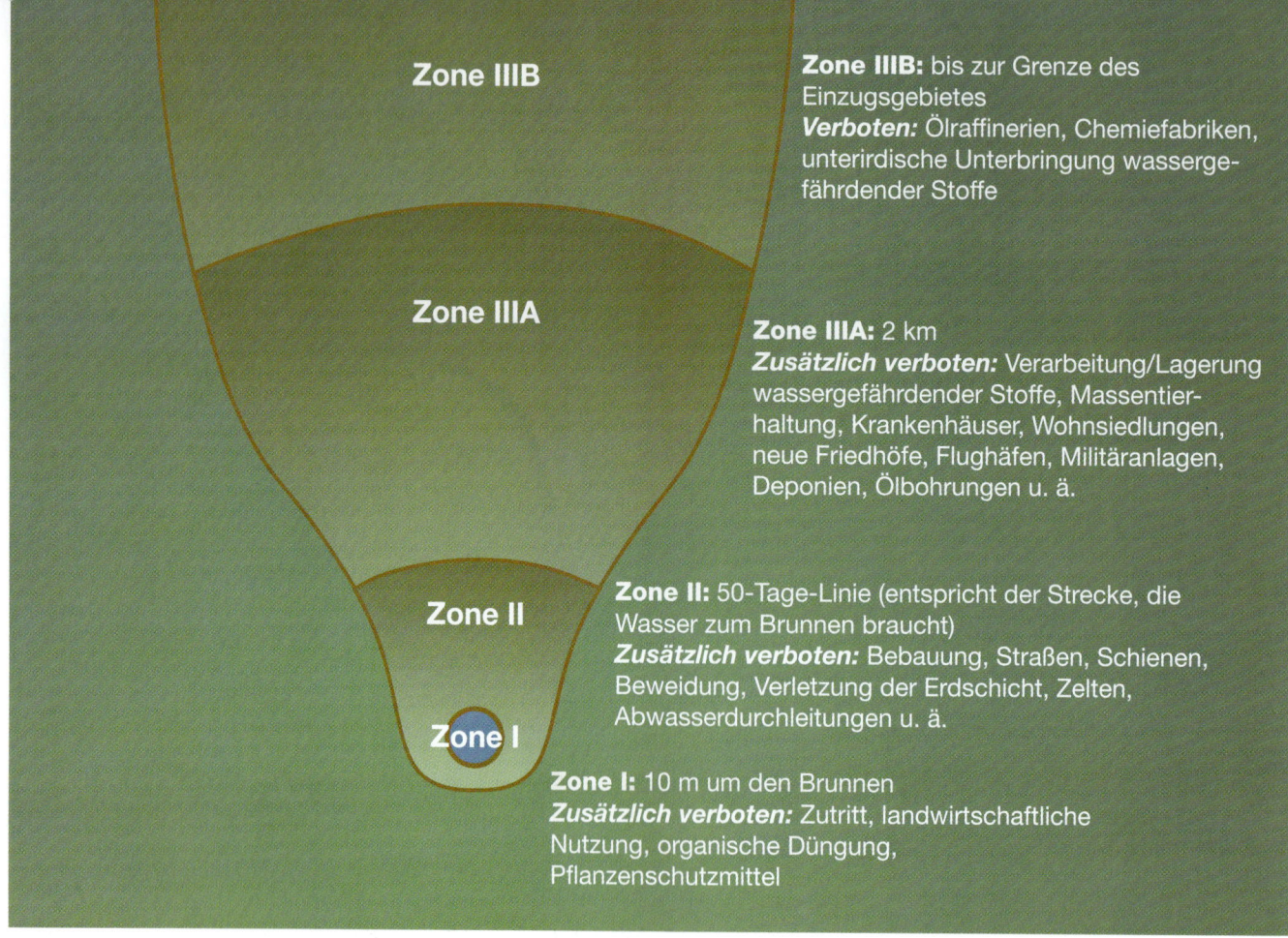

Zone IIIB

Zone IIIA

Zone II

Zone I

Zone IIIB: bis zur Grenze des Einzugsgebietes
Verboten: Ölraffinerien, Chemiefabriken, unterirdische Unterbringung wassergefährdender Stoffe

Zone IIIA: 2 km
Zusätzlich verboten: Verarbeitung/Lagerung wassergefährdender Stoffe, Massentierhaltung, Krankenhäuser, Wohnsiedlungen, neue Friedhöfe, Flughäfen, Militäranlagen, Deponien, Ölbohrungen u. ä.

Zone II: 50-Tage-Linie (entspricht der Strecke, die Wasser zum Brunnen braucht)
Zusätzlich verboten: Bebauung, Straßen, Schienen, Beweidung, Verletzung der Erdschicht, Zelten, Abwasserdurchleitungen u. ä.

Zone I: 10 m um den Brunnen
Zusätzlich verboten: Zutritt, landwirtschaftliche Nutzung, organische Düngung, Pflanzenschutzmittel

Grafik 8:   Wasserschutzgebiete sind in verschiedene Zonen aufgeteilt.

sonders der Industrie ist jedoch damit nicht zu decken. Ergänzend wird daher auf das sogenannte Uferfiltrat oder künstlich angereichertes Grundwasser zurückgegriffen. Uferfiltrat stammt aus einem Brunnen, der im Uferbereich eines größeren Stromes gebohrt wird. Das Flußwasser wird auf unterirdischem Weg zum Brunnen durch Verrieselungsanlagen und Langsamsandfilter mechanisch und biologisch geklärt.

Künstlich angereichertes Grundwasser entsteht, indem man in der Nähe eines Grundwasserbrunnens zusätzlich Rohwasser versickern läßt, so zum Beispiel Flußwasser oder zuvor gewonnenes Uferfiltrat. Uferfiltrat und künstlich angereichertes Grundwasser müssen allerdings noch nachbehandelt werden.

Im Bereich des eigentlichen Fördergebiets von (zukünftigem) Trinkwasser ist die Errichtung eines Wasserschutzgebietes vorgeschrieben, um das Eindringen von Schadstoffen in das Grundwasser zu verhindern. Das Gebiet ist in mehrere Zonen unterteilt, die sich an der Fließdauer des Wassers bis zum zentralen Brunnen orientieren (siehe *Seite 28*). Je nach Bundesland gibt es unterschiedliche Regelungen, die leider nicht immer ausreichend sind. Immerhin ist in einigen Ländern das Ausbringen von Gülle im gesamten Wasserschutzgebiet („Gülle-Erlaß") verboten. Hier ist also die Empfehlung sogar strenger umgesetzt worden, und das zu Recht, denn die bakteriologischen Belastungen des Grundwassers durch Gülle sind am Ausbringungsort nicht unerheblich.

Leider ist der bürokratische Aufwand zur Einrichtung der Wasserschutzgebiete sehr hoch, so daß in Deutschland erst 71 % der geplanten Schutzgebiete ausgewiesen sind, und das sogar oft ohne den Schutzbereich III, der das Wasserschutzgebiet eigentlich großräumig absichern soll. Hier besteht also noch dringender Handlungsbedarf!

Trinkwasseraufbereitung

Je nach den Eigenschaften des Rohwassers müssen verschiedene Aufbereitungsschritte vorgenommen werden. In wenig belasteten Gebieten kann Rohwasser nach einer mechanischen Filterung und entsprechender Kontrolle direkt ins Leitungsnetz gegeben werden. Bei den „härteren Fällen" kommen weitere Methoden zum Einsatz, je nachdem welche Probleme vorliegen:

Mechanische Reinigung, Fällung

Das Wasser wird mit Rechen, Sieben und anschließender Sedimentation (Absetzen der Schwebteilchen) vom gröbsten Dreck befreit. Bei der Sedimentation wird das Zusammenklumpen und Absetzen der sogenannten „Feinstoffe" durch „Flockungsmittel" erreicht, die mit den Feinteilchen verklumpen und sie auf diese Weise zu Boden ziehen. Typische Flockungsmittel sind Aluminiumsulfat, Eisenchlorid oder Eisensulfat.

Filterung

Meist sind es sogenannte Langsamsandfilter, die den natürlichen Reinigungsprozeß der Natur nachahmen. Vorgereinigtes Wasser wird auf einer ungefähr ein Meter hohen Quarzsandschicht ausgebracht, durch Schwebteilchen bildet sich eine verdichtete Schicht, in der sich zahlreiche Bodenbakterien ansiedeln. Die biologische Reinigungs- und Zersetzungskraft ist hier besonders groß, viele schädliche Keime, aber auch organische Substanzen werden durch die Bakterien zersetzt oder zumindest umgewandelt, was eine spätere Entfernung erleichtern kann.

Aktivkohlefilter

Eine Filterung mit Aktivkohle kann zahlreiche unerwünschte Stoffe entfernen, z.B. natürliche Geruchs- und Geschmacksstoffe, Kohlenwasserstoffe, Pestizide und auch Oxidationsmittel wie Ozon und Chlor, die vielleicht zuvor zur Keimtötung eingesetzt wurden. Die Aktivkohlefilter sind regenerierbar, ihre Filterkraft kann durch Spülung wiederhergestellt werden. Nebenbei verhindert die Spülung auch ein Verkeimen des Filters.

Abb. 11: Aktivkohle filtert zahlreiche unerwünschte Stoffe aus dem Wasser.

Entsäuerung

Wenn Wasser zu sauer ist, d. h. wenn es einen pH-Wert unter 7 hat, kann es Installations- und Rohrmaterialien angreifen und damit unerwünschte Stoffe lösen (siehe *Seite 31*). Deshalb wird das Wasser durch Entfernen überschüssiger Kohlensäure etwa durch Belüften oder Anreicherung mit Carbonaten entsäuert.

Entfernen von Mangan und Eisen

Im Wasser befindliche Eisen- und Mangananteile können sich in den Rohrinnenwänden ablagern und dort eine Art Nährboden für die Besiedelung durch Bakterien bilden. Die Entfernung der beiden Metalle ist z. B. durch spezielle Mikroorganismen möglich, was besonders umweltfreundlich ist. Andere Methoden sind Belüftung und Fällung.

Entkeimung

Bei der Verwendung von Uferfiltrat oder Flußwasser ist meist eine Desinfektion zwingend notwendig. Desinfiziertes Wasser unterliegt strengeren Grenzwerten, denn das zunächst keimfreie Wasser ermöglicht besonders resistenten Keimen unter Umständen eine starke Vermehrung. Die Keimzahl muß daher bei desinfiziertem Wasser fünfmal niedriger sein als bei nicht desinfiziertem Trinkwasser. Außerdem ist ein Restgehalt an Chlor (0,1 mg/l) oder Chloridoxid (0,05 mg/l) vorgeschrieben. Der Maximalwert liegt bei 0,3 Milligramm pro Liter, darf jedoch bei starker mikrobieller Belastung auch auf 0,6 Milligramm pro Liter angehoben werden. Für die menschliche Gesundheit ist dieser Chlorgehalt unbedenklich, da in Deutschland die beim Chloren entstehenden Folgeverbindungen strengen Kontrollen unterliegen. Trotzdem sollte es sich bei solch starker Chlorung nur um eine Übergangslösung handeln, bis das Rohwasservorkommen entsprechend saniert ist, denn der gute Geschmack und Geruch des Wassers leidet unter Umständen sehr. Sind Sie von solchen Mißständen betroffen, erfragen Sie beim Wasserwerk die geplanten Sanierungsmaßnahmen und üben Sie Druck auf die Stadt oder Gemeinde aus. Sie haben ein Recht auf ungetrübten Trinkwassergenuß!

Trinkwasser – schon bezahlt, aber noch nicht im Glas …

Das Wasserwerk ist für die Qualität des Wassers bis zum Hausanschluß verantwortlich. Ab dem Übergabepunkt hinter der Wasseruhr beginnt jedoch eine andere Welt: Je nach Alter der Rohrinstallation können noch Materialien in Gebrauch sein, die die Wasserqualität erheblich beeinträchtigen. Gerade in Altbauten, in denen der genaue Verlauf der Rohrleitungen durch Umbaumaßnahmen und teilweise Neurenovierungen verschleiert ist, hilft oft nur eine Wasseranalyse weiter. Mit dieser Analyse kann man dann sicher ausschließen, daß nicht doch irgendwo ein altes Stück Bleileitung unbemerkt das Wasser vergiftet. Auch Kupfer- oder verzinkte Stahlrohre können bei unsachgemäßer Installation oder ungeeignetem Wasser zu Belastungen führen, ebenso wie Schwermetalle durch veraltete oder nicht DIN-gerechte Installationsbestandteile. Natürlich ist nicht jede ältere Anlage potentiell gefährlich, jedoch ist die Einstellung „es wird schon in Ordnung sein" gerade beim Lebensmittel Wasser fehl am Platz.

Bei begründetem Verdacht kann man einen Wassertest direkt am eigenen Wasserhahn durch das Gesundheitsamt vornehmen lassen. Eine Wasseruntersuchung auf Schwermetalle nimmt auch das Labor der Zeitschrift Ökotest oder die Stiftung Warentest für unter 50 DM vor.

Achtung: Die Grenzwerte der TrinkwV gelten seit der Neuauflage des Gesetzes von 1990 nicht nur am Hausanschluß, sondern bis zum Wasserhahn. Dies ist gerade für Mieter ein großer Vorteil, denn der Vermieter ist bei einer Grenzwertüberschreitung per Gesetz zur Nachbesserung bis hin zur Neuinstallation verpflichtet. Im Verweigerungsfall kann als Druckmittel auch eine Mietminderung vorgenommen werden.

Wasserrohre auf dem Prüfstand

Der komplette Aufbau einer modernen Trinkwasseranlage ist in der DIN-Norm 1988 festgelegt. Hier sind zahlreiche Sicherheitsmaßnahmen enthalten, die nicht nur den Verbraucher vor einer Verschlechterung der Trinkwasserqualität schützen, sondern z. B. auch das öffentliche Trinkwasser vor Rückflüssen aus der Hausinstallation bewahren. Insgesamt ist für die Installation von Trinkwasseranlagen eine große Sachkenntnis erforderlich, wir raten daher auf jeden Fall zur Montage durch den Fachmann. Seine Arbeit sollte nachweisbar der DIN-Norm und den Arbeitsblättern des Deutschen Verbands des Gas- und Wasserfachs (DVGW) entsprechen, eine Zulassung des Betriebes beim lokalen Wasserwerk ist dafür meist eine gute Garantie. Bestehen Sie auch bei den verwendeten Bauteilen auf die DVGW-Zulassung!

Tip: Achten Sie darauf, sogenanntes „Stagnationswasser" nicht zum Trinken zu benutzen! Nach längerer Verweildauer des Wassers in den Rohren, z. B. morgens oder besonders nach einem Urlaub, ist es wichtig, dieses Standwasser vollständig ablaufen zu lassen! Fangen Sie dieses Wasser auf und nutzen Sie es zum Blumen gießen, Putzen oder zum Spülen des WCs.

Bleirohre

Bestehende Anlagen: Bleirohre sollten auf jeden Fall entfernt werden, denn der Bleigehalt kann bei längeren Standzeiten gesundheitsschädliche Werte annehmen. Kein Trinkwasser entnehmen! Auf gar keinen Fall Kinder- oder Babynahrung damit zubereiten! Beim geringsten Verdacht, also wenn

z. B. im Mietshaus seit langer Zeit keine Grundsanierung des Wassersystems stattgefunden hat, eine Wasseranalyse (siehe *Seite 30*) vornehmen lassen. Eine bloße Inaugenscheinnahme der Rohrleitung in Altbauten oder die Aussage des Vermieters reicht nicht aus, da versteckte Rohrstücke oder Übergangsmuffen aus Blei vorhanden sein könnten. Bei Grenzwertüberschreitung sind Sie übrigens zu einer Mietminderung berechtigt.

Teilweise sind gerade in den neuen Ländern noch Hauseinspeisungen aus Blei in Betrieb, die nur vom Wasserwerk ausgetauscht werden können. Aufgrund der hohen Kosten werden diese nur langsam durch moderne Zuleitungen ersetzt. Bei regelmäßiger Kontrolle kann dies für eine Übergangszeit tolerierbar sein, denn die Zuleitungen weisen aufgrund ihres hohen Alters meist starke Deckschichten auf und sitzen zudem am Punkt des größten Durchflusses, werden also ständig gespült. Der Grenzwert für Blei von 0,04 mg/l der TrinkwV muß aber auf jeden Fall eingehalten werden!
Neuinstallation: Bleirohre dürfen auf keinen Fall mehr verwendet werden!

Kupferrohre

Kupfer ist ein wichtiges Spurenelement, von dem der Körper ungefähr fünf Milligramm pro Tag benötigt. Jedoch kann es schon bei leichter Überdosierung zu Kopf- und Magenschmerzen, Schwindelgefühl, Durchfall und Erbrechen

kommen. Säuglinge sind gegenüber hohen Kupferkonzentrationen besonders empfindlich, hier führen erhöhte Kupfergehalte zu Leberzirrhose, und schon ein Fötus im Mutterleib kann auf diese Weise geschädigt werden.

Unter normalen Bedingungen sind Kupferinstallationen unbedenklich, denn Kupferrohre bilden rasch eine Oxid-Schutzschicht, über die dann allmählich eine grüne Kupfercarbonatschicht wächst. So wird eine Abgabe von Rohrmaterial an das Wasser zuverlässig verhindert. Dieser Vorgang ist nach einigen Monaten abgeschlossen, wenn das Wasser folgende Bedingungen erfüllt: der pH-Wert sollte über 7,3 liegen und das Wasser mindestens zum Härtebereich 3 gehören. Wird einer der Werte unterschritten, sollte man jedoch unbedingt beim Wasserwerk oder dem Gesundheitsamt nachfragen, ob das lokale Trinkwasser mit dem Betrieb einer Kupferanlage verträglich ist.
Bestehende Anlagen: Die „goldene" Regel, Stagnationswasser morgens ablaufen zu lassen (siehe *links*), gilt besonders bei Kupfer, denn auch der Kupfergehalt kann durch längere Standzeiten stark ansteigen!
Neuinstallation: In den ersten Monaten nach Inbetriebnahme einer neuen Kupferanlage sollte man vor der Entnahme von Trinkwasser **immer** das Standwasser ablaufen lassen. Auf keinen Fall sollte in der ersten Zeit Säuglingsnahrung mit diesem Wasser zubereitet werden, die Rohre müssen erst die innere Schutzschicht aufbauen. So-

bald diese vorhanden ist, entfallen die Sicherheitsmaßnahmen und die Anlage liefert Trinkwasser hoher Qualität.

Verzinkte Eisenrohre

Bestehende Anlagen: Auch für verzinkte Eisenrohre ist der pH-Wert wichtig: Bei Werten unter 7,3 können verstärkt Zinkionen ins Wasser gelangen, da die schützende Oxidschicht zerstört wird. Allerdings sind diese für die menschliche Gesundheit eher unbedenklich. Bei älteren Zinkrohren (vor 1978) wurde jedoch in geringem Umfang das Schwermetall Cadmium eingesetzt. Wir raten Ihnen daher beim Auftreten des sogenannten „Zinkgriesels" sicherheitshalber zu einer Wasseranalyse. Übrigens wird das anfänglich braunrote Wasser, das manchmal bei alten Leitungen auftritt, durch Eisen verursacht. Diese Verfärbungen sind zwar unappetitlich, aber nicht gefährlich, doch raten wir auch hier zu einer Wasseranalyse.

Neuinstallation: Häufig wird in Baumärkten ein umfangreiches Sortiment an Gewinderohren und Rohrwinkeln angeboten, mit denen bestehende Installationen auch selbst erweitert werden können. Neben den schon erwähnten Warnungen bei Selbstmontage gilt zusätzlich: Keine Zinkrohre hinter Kupferleitungen verwenden, hier kommt es durch die Bildung eines sogenannten elektrochemischen Elements zu besonders starker Korrosion.

Kunststoffrohre

Bestehende Anlagen: Kunststoffrohre können naturgemäß keine Metallionen ans Wasser abgeben (wenn diese nicht als Zusatzstoffe enthalten sind) und sind für den gesamten zulässigen pH-Bereich geeignet. Allerdings hatte Kunststoff lange den Ruf, Nährboden für Mikroorganismen zu sein und Geschmacks- bzw. Geruchsstoffe abzugeben und sogar speichern zu können. So hat er erst in den letzten Jahren an Bedeutung gewonnen.

Neuinstallation: Die Entwicklung der Kunststoffrohre ist in den letzten 25 Jahren stark vorangetrieben worden und viele „Kinderkrankheiten" sind nun beseitigt. So bieten z. B. die vernetzten Polyethylen-Rohre (PEx DIN 16892, hergestellt ab 1981) aufgrund ihrer Härte und chemischen Neutralität kaum noch einen Nährboden für Mikroorganismen. Auch eine Geruchs- oder Geschmacksbelästigung ist nahezu ausgeschlossen, denn bei ihrer Herstellung benötigt man keine Hilfsstoffe mehr, sie werden „physikalisch" gehärtet oder – chemisch ausgedrückt – „vernetzt". Die bei Metallrohren typische Anlagerung von Kalkstein unterbleibt bei Kunststoff fast völlig. Die Montage ist bei einigen Systemen ohne teures Spezialwerkzeug möglich, so daß gerade PEx häufig für Eigeninstallationen benutzt wird. Kunststoffrohre können relativ problemlos mit bestehenden Installationen aus anderen Materialien gemischt werden, so daß sie sich auch für Reparaturen oder Erweiterungen eignen. In beiden Fällen sollte man jedoch einen Fachmann zu Rate ziehen.

Auch andere Kunststoffsysteme sind für Trinkwasser geeignet, es sind PP (Polypropylen DIN 8078), PB (Polybutylen DIN 16968), PVC-U und PVC-C (Polyvinylchlorid DIN 8080). PVC-U ist von diesen Systemen das mit der längsten Einsatzzeit, es wurde ursprünglich für den Betrieb von Fußbodenheizungen entwickelt und hat als erstes System den Weg in die Trinkwasserinstallation gefunden. Wir raten allerdings von der Verwendung von PVC ab, denn im Brandfall können solche Rohre gefährliche Dioxine freisetzen!

Bei der Installation von Kunststoffsystemen kann es zu Geruchs- und Geschmacksverfälschung kommen. Bei einer ordnungsgemäßen Installation sollten solche Effekte jedoch nach einigen Tagen verschwunden sein. Gesundheitsgefährdend sind diese Belästigungen nicht. Dauerhafte Störungen können entstehen, wenn z. B. bei Systemen mit Verklebetechniken unsachgemäß gearbeitet wird. Legt sich der (meist morgens auftretende) unangenehme Geschmack also nicht, muß man der Sache auf den Grund gehen.

Edelstahlrohre

Bestehende Anlagen: Edelstahlrohre sind – zur Zeit – das Nonplusultra bezüglich der Wasserinstallation, sowohl aus mikrobieller Sicht als auch wegen des absolut geringen Schadstoffeintrags ins Trinkwasser. Nicht ohne Grund stellen sie den Standard für die Wasserleitungen in Lebensmittelbetrieben dar. Sie sind – genau wie Kunststoffrohre – im ganzen zulässigen pH-Bereich des Trinkwassers nutzbar.

Neuinstallation: Die Installation von Edelstahl ist wegen der hohen Werkstoffkosten kostspielig, jedoch hat Edelstahl auch den geringsten Einfluß auf die Wasserqualität.

Eine Selbstinstallation ist schwierig, denn die Rohrverbindungen werden mit Muffen gequetscht, dafür ist Spezialwerkzeug nötig. Allerdings hat diese neue Technik aufgrund der schnellen Montage den Einbau der Edelstahlrohre verbilligt. Der Preisunterschied muß also gar nicht so groß sein. Wem Edelstahl trotzdem zu teuer ist, sollte auf moderne Kunststoff- oder Kupferrohrsysteme ausweichen.

Bakterien – ungebetene Gäste im Rohrsystem

Ein paar einzelne Mikroorganismen sind im allgemeinen nicht gefährlich, erst ihre massenhafte Vermehrung – z.B. durch lange Standzeiten in einem häuslichen Rohrsystem – kann auch für den Menschen schädlich sein. Es ist daher besonders wichtig, das Wasser nach längerer Abwesenheit (ab einigen Tagen) erst einmal etwa fünf Minuten laufen zu lassen und zum Putzen oder Blumengießen aufzufangen.

Bakterien vermehren sich bekanntlich gut bei Wärme, daher ist gerade Wasser aus Warmwassersystemen anfällig für Verkeimungen. Dies gilt ganz besonders, wenn die Wassertemperatur dauerhaft zu niedrig ist (weit unter 60°C). Prinzipiell sollte daher immer kaltes Wasser zur Zubereitung von Lebensmitteln verwendet werden.

Aber auch Kaltwasserleitungen, die zum Beispiel ungeschützt neben Warmwasserleitungen entlanglaufen, sind gefährdet. Ein deutliches Zeichen ist das Auslaufen warmen Wassers aus dem Kaltwasserhahn, vor allem nach längerer Standzeit. Bei einer Neuinstallation sollte man daher unbedingt darauf achten, daß nicht nur das Warm-, sondern auch das Kaltwasserrohr wärmeisoliert wird. Leider vergessen dies selbst die Fachleute – ich, Jean Pütz, habe erst kürzlich diese Erfahrung machen müssen!

Nie mehr Kisten schleppen! – Die Vorteile des Sprudelautomaten

Obwohl die Qualität unseres Leitungswassers gut, ja zum Teil sogar hervorragend ist, wendet sich manch einer mit entsetztem Gesicht ab, wenn man ihm statt Mineralwasser einfach ein Glas Leitungswasser reicht. Nach dem kölschen Motto „Was nix kos, is nix ..." hat das Leitungswasser den Ruf, von minderer Qualität zu sein. Doch dem ist absolut nicht so, denn die strenge Trinkwasserverordnung garantiert eine einwandfreie Beschaffenheit. Leitungswasser ist ja ein streng kontrolliertes Lebensmittel (siehe *Seite 26*)!

Der pure Genuß im Glas ist jedoch nicht jedermanns Sache, denn mit Sprudel schmeckt Wasser einfach besser. Um ohne den Kauf von Tafel- oder Mineralwasser trotzdem auf den sprudeligen Geschmack zu kommen, hat die Hobbythek vor acht Jahren die ersten leistungsfähigen Sprudelgeräte empfohlen und auch deren Weiterentwicklung gefördert.

Qualitativ braucht sich das aufgesprudelte Leitungswasser nicht hinter dem Mineralwasser zu verstecken. Und wesentlich billiger ist es außerdem. Ein Blick auf die Ökobilanz zeigt weitere Vorteile der Sprudelautomaten im Vergleich zum Mineralwasser: Bei der Herstellung von natürlichem Mineralwasser wird zusätzlich Leitungswasser – also Trinkwasser – zum Reinigen und Spülen der Mehrwegflaschen verbraucht. Meist wird hier schon soviel Trinkwasser verbraucht, wie nachher an Mineralwasser abgefüllt wird. Hinzu kommt die Belastung des Abwassers durch Reinigungsmittel. Bei Einwegflaschen oder gar Aluminiumdosen ist der Verbrauch an Ressourcen natürlich noch viel höher. Am stärksten schlägt schließlich der Transport des abgefüllten Wassers ins Gewicht: Bei zwei Flaschen Mineralwasser täglich addiert sich das bewegte Gewicht im Jahr auf über eine Tonne pro Person.

Alles in allem ist es also zu empfehlen, bei der guten Qualität des heimischen Leitungswassers, sein Sprudelwasser selbst herzustellen.

Der Sprudelautomat

Seit der ersten Präsentation des Sprudelautomaten in der Hobbythek ist schon fast ein Jahrzehnt vergangen. Wir haben seit dieser Zeit die Verbreitung dieser ressourcenschonenden Geräte

Gerät	Sodaquelle	AquaBar	Soda Tronic
Preis (ca.)	89 DM	139 DM	119 DM
Gesamturteil/ Preis-Leistungs-Verhältnis	gut/preiswert	gut/angemessen	gut/angemessen
Begründung/Bemerkungen	Bedienung ohne Drehbewegung möglich, daher auch für ältere Personen angenehm, Sprudelgehalt ausreichend hoch. Es ist zudem das zur Zeit preisgünstigste Gerät. Große 450 Gramm Patrone für DM 11,50 und auch Glasflasche in Vorbereitung.	Hygiene wegen spülmaschinenfester Glasflasche sehr gut, Handhabung okay. Anfängliche Geschmacksbeeinträchtigung (wie bei Kunststoff-Flaschen) ausgeschlossen. Glasflasche hält die Kohlensäure länger als Kunststoff.	Sprudelgehalt hoch, Handhabung gut Elektronische Zeituhr signalisiert in dre Stufen Sprudelzeit.
Patrone:	kompatibel zu Typ A	kompatibel zu Typ A	kompatibel zu Typ A
Füllmenge (ca. lt. Herst.)	270 g	290 g	270 g
Preis Füllung (lt. Herst.)	8 DM	11 DM	8 DM
Preis Füllung/100 g	2,96 DM	3,79 DM	2,96 DM
Handhabung:			
Einsetzen der Flasche	Flasche einfach darunterstellen und großen Hebel ziehen.	Gewöhnungsbedürftig. Man muß die Flasche unten fassen, dann jedoch leicht und schnell.	Gewöhnungsbedürftig. Man muß die Flasche unten fassen, dann jedoch lei und schnell.
Betätigungstaste	Etwas schwer, doch große Flasche zum Drücken.	Merkbarer Widerstand, große Fläche zum Drücken.	Geringer bis merkbarer Widerstand, Fläche ausreichend.
Geräusch beim Erreichen des Druckpunktes, andere Effekte	Überblasgeräusch ausreichend leise, Gerät pfeift etwas bei starkem Druck.	Lautes Überblasgeräusch. Neigt beim starken Besprudeln etwas zum Tropfen.	Angenehm leise. Elektronik nicht sinn da Ergebnis stark von der Art des Drüc abhängt. Druck ablassen dauert etwa
Reinigung	PET-Flasche: mit lauwarmem Wasser.	Glasflasche ist spülmaschinenfest. Kunststoffmantel abschraubbar.	PET-Flasche: mit lauwarmem Wasser.
Sicherheitseinrichtung:	Verschiebbares Schutzschild	Kunststoffmantel um die Flasche	Massive Tür
erreichbarer Sprudelgehalt (subjektive Beurteilung):	hoch	mittel bis hoch	hoch

Tabelle 4: Die Sprudelautomaten im Überblick. Es gibt zwei verschiedene Typen von Patronen: Typ A und B.

Soda Stream	Soda Club Cool	Soda Fountain	Wasser Maxx
9 DM	159 DM	99,50 DM	120 DM
t/teuer	befriedigend/teuer	ausreichend/–	ausreichend/–
...ssiker unter den Besprudelungsge-...en. Sprudelgehalt hoch, Handhabung ...ay. Sprudelstab weist allerdings bei ...heren Geräten nach längerer Betriebs-...er Korrosion auf. Bald Systemwechsel ...gleiche Patrone wie Soda Club Cool.	Keine Sicherheitsmaßnahmen! Bei Test-gerät zu Beginn unangenehmer Plastik-geschmack der Flasche, der trotz inten-siven Spülens nur langsam nachließ. Hoher Sprudelgehalt, angenehme Be-dienung, allerdings ist die Patrone in-kompatibel zu anderen Systemen.	Hygiene wegen nicht einsehbarem Druck-tank nicht gut. Es dauert fast eine Minu-te, bis das Wasser ausgelaufen ist. Beim Testgerät mußte der kleine Befülltrichter beim Eingießen mit der Hand festgehal-ten werden. Der Sprudelgehalt ist eher gering.	Sprudelgehalt eher mäßig, keine Sicher-heitsmaßnahmen. Es liegen Berichte über geplatzte Flaschen vor (Vorsicht, falls klarer Schriftzug *Wasser Maxx* in Flasche eingeprägt, Flasche nicht benut-zen, sondern sofort austauschen).
...A, bald Typ B	Typ B	kompatibel zu Typ A	kompatibel zu Typ A
...0 g	425 g	270 g	270 g
...DM	15 DM	8 DM	8 DM
...6 DM	3,53 DM	2,96 DM	2,96 DM
...wöhnungsbedürftig. Man muß die ...sche unten fassen, dann jedoch leicht ...d schnell.	Angenehm durch Kippmechanismus, das Reinschrauben dauert allerdings etwas.	Wasser in Tank füllen, dann Flasche da-darunterstellen. Vorsicht: Danebenstellen ist möglich.	Nur mit zwei Händen, jedoch unproble-matisch.
...vas schwer, für Kinderhände ist die ...te zu klein.	Geringer bis merkbarer Widerstand. Kleine, jedoch ausreichende Taste.	Merkbarer Widerstand, ausreichende Fläche.	Geringer bis merkbarer Widerstand, ausreichend großer Knopf.
...tes, kreischendes Überblasgeräusch. ...assen des Drucks dauert einen ...ment.	Lautes, brummendes Überblasgeräusch.	Lautes, kreischendes Überblasgeräusch.	Überblasgeräusch ist ausreichend leise. Besprudelung erfolgt durch Flaschen boden. Beim Besprudeln tritt schnell Wasser aus.
...-Flasche: mit lauwarmem Wasser.	PET-Flasche: mit lauwarmem Wasser.	Tank läßt sich nicht zum Reinigen öffnen. Eingedrungene Fremdkörper können nicht entdeckt werden!	PET-Flasche: mit lauwarmem Wasser.
...ssive Tür	keine	Eigener Drucktank, daher besonders sicher.	keine
...h	hoch	gering	gering bis mittel

vorangetrieben. Mittlerweile gibt es bereits eine ganze Reihe von Sprudelautomaten (siehe Tabelle *Seite 34 f.*), und immer mehr spielt die einfache Bedienbarkeit, das Design und auch die Sparsamkeit beim Kohlendioxid-Verbrauch eine Rolle. So kommt der Verbraucher immer mehr auf seine Kosten, ohne dafür tief in die Tasche greifen zu müssen, denn die günstigsten Geräte sind – ebenfalls dank der Bemühungen der Hobbythek – schon für unter 100 DM zu haben. Für die Bewertung der Sprudelautomaten haben wir uns die einzelnen Geräte besorgt und auf Funktion und Eigenschaften getestet (ohne Langzeiteffekte!).

Das Prinzip ist bei allen Geräten gleich: Durch Druck verflüssigtes Kohlendioxid, das sich in einem austauschbaren Zylinder befindet, wird im Gerät eingesetzt. Durch Betätigung der Sprudeltaste oder einer ähnlichen Vorrichtung wird im Gerät ein Ventil geöffnet und das Kohlendioxid (CO_2) strömt mit einem Druck bis maximal 8 bar in die mit Wasser gefüllte Flasche ein. Nach Ablassen des Drucks ist das Sprudelgetränk fertig. Achten Sie darauf, daß Sie Ihre CO_2-Patrone auch in Ihrer Nähe wieder auffüllen lassen können. Das Kohlendioxid muß Lebensmittel-Qualität besitzen. Einen besonders hohen Reinheitsgrad garantieren Abfüllungen mit natürlicher Quellkohlensäure, im Fachjargon: auch Coca-Cola-Standard genannt; diesen Standard hat die Hobbythek stark gefördert und dabei auch für ein möglichst flächendeckendes Angebot gesorgt.

Übrigens: Lassen Sie sich Ihr CO_2 nicht in einer „Hinterhofwerkstatt" abfüllen, diese können die nötige Qualität nicht garantieren! Versuche, auf diese Weise zu Geld zu kommen, hat es schon gegeben! Auch bei dem jüngst in Belgien aufgetretenen „Coca-Cola-Skandal" vermutet man, daß verunreinigte Kohlensäure die Ursache der Gesundheitsbeeinträchtigungen war.

Die meisten Geräte arbeiten mittlerweile mit einer durchsichtigen 0,7- bis 1-Liter-Flasche, in der das Wasser aufgesprudelt wird. Dies ist aus mikrobiologischer Sicht zu begrüßen, da diese Flaschen auf Verunreinigungen kontrolliert und im Zweifelsfall gereinigt werden können. Aus Gründen der Hygiene sollte man die Aufsprudelflasche regelmäßig mit klarem Wasser ausspülen und auch beim Sprudeln keine Zusätze wie Süßstoffe oder Frusip's einfüllen. Die Zubereitung der beliebten Frusip's-Getränke (siehe *rechts*) kann anschließend in einem Glas oder einer zweiten Flasche vorgenommen werden. Wer das nicht will, müßte die Flasche jedesmal gründlich spülen und die Düse und die Andrückdichtung nach jedem Vorgang reinigen, was auf Dauer wohl aufwendiger ist. Wie auch bei Mineral- oder Tafelwasser ist es aus hygienischen Gründen sinnvoll, das fertige Getränk gekühlt aufzubewahren.

Tip: Wenn Sie es besonders sprudelig lieben, stellen Sie das Wasser vorm Besprudeln in den Kühlschrank. In kaltem Wasser löst sich wesentlich mehr Kohlensäure. Dies ist besonders für ältere Geräte wichtig, die noch keinen so hohen Druck erreichen.

Frusip's – die bislang wichtigste Erfindung der Hobbythek

Fruchtsäfte und Fruchtsaftgetränke werden oft aus Konzentrat und Trinkwasser hergestellt. Das gleiche können Sie mit den Frusip's, den Fruchtsirupkonzentraten der Hobbythek, auch zu Hause machen.

Ein Sprung zurück: Zu Beginn der Frusip's-Entwicklung standen zwei Aspekte im Vordergrund: Das Geschmackskonzentrat sollte ohne den Zusatz von Unmengen Zucker und Konservierungsstoffen möglichst lange haltbar sein und zudem schonend aus natürlichen Zutaten hergestellt werden. Um ohne Konservierungsstoffe eine Haltbarkeit von mindestens einem Jahr zu erreichen, habe ich, Jean Pütz, mir lange den Kopf zerbrochen. Alle Experten hielten eine so lange Haltbarkeit für unmöglich. Doch durch die besonders starke Konzentration der Frusip's ergab sich die Lösung wie von selbst:

Der Brix-Wert, der ein Maß für den Gehalt an Feststoffen ist, war so hoch, daß auch ohne die in Sirup übliche hohe Zuckermenge das Ziel fast erreicht war. Durch etwas Fruchtsäure und die Verwendung von Äpfelsäure statt der sonst in Fertiggetränken oft gebräuchlichen billigeren Zitronensäure war die Mischung perfekt: Sowohl lange Haltbarkeit als auch guter Geschmack waren ohne Zusatzstoffe gewährleistet. Die hohe Konzentration wird übrigens durch schonende Vakuumdestillation bei 60 °C vorgenommen, so daß kaum

Vitamine verlorengehen. Künstliche Aromen, Geschmacksverstärker oder ähnliche Produkte haben also in Frusip's nichts verloren. Darauf können Sie sich bei der Bezeichnung Frusip's HT verlassen, denn der Name ist beim Patentamt geschützt. Auch unnötigen Zucker oder Süßstoffe gibt es in unseren Frusip's nicht. Schließlich sollen Sie selbst entscheiden können, ob und wie Sie Ihr Getränk süßen wollen.

Mittlerweile gibt es viele Frusip's-ähnliche Getränkekonzentrate, achten Sie dabei aber auf die Verwendung der oben genannten Inhaltsstoffe, wie z.B. Äpfelsäure und natürliche Aromen.

Frusip's sind 20- oder 40-fach konzentriert. Oder anders ausgedrückt: Mit 250 Millilitern Frusip's kann man entweder fünf oder sogar zehn Liter Getränk herstellen. Übrigens gibt es unter den mittlerweile über 50 Frusip's-Sorten auch ein Mineralkonzentrat, mit dem man Trinkwasser mit zusätzlichem Calcium, Magnesium und Kalium anreichern kann. Eine Flasche Frusip's Mineral (200 Milliliter) reicht für die Zubereitung von acht Litern Wasser mit ähnlichen Mineralstoffgehalten wie Mineralwasser. Nachfolgend finden Sie einige Rezepte, die Ihnen Anregung für eigene Kreationen sein sollen. Zahlreiche Rezepte mit Frusip's finden Sie in dem Hobbythek-buch „Fruchtig frisch mit Frusip's".

Getränke mit Frusip's

Grundrezept für Frusip's-Getränke
(für 1 Glas)

1 Glas	(200 ml)	Wasser oder Sprudelwasser
1–1½ TL		Frusip's 1:40 oder
2–3 TL		Frusip's 1:20
evtl. 1–2 Tabl.		Lightsüß HT oder
1–2 TL		Frucht-, Apfel- oder Ballastsüße HT

Alles kurz verrühren – fertig!

Spezialsüßungsmittel der Hobbythek Lightsüß HT ist eine ideale Süße in Tablettenform für Getränke. Sie können damit Ihr tägliches Trinkpensum ohne große Kalorienzufuhr bewältigen. Lightsüß besteht aus einer Mischung von 65 % Acesulfam und 35 % Aspartam, die einen fünf- bis sechsfach höheren ADI-Wert (zugelassene tägliche Menge) als die übliche Kombination Saccharin/Cyclamat besitzt, d. h. theoretisch könnten Sie davon eine Menge zu sich nehmen, die in etwa der Süßkraft von 450 Gramm Zucker entspricht. Untersuchungen mit Testpersonen haben außerdem gezeigt, daß Lightsüß geschmacklich kaum von Zucker zu unterscheiden ist. Übrigens ist Lightsüß besonders für Kinder geeignet, die ja sowieso viel zu viel Zucker, auch in Form von zuckerreichen Getränken wie Limonaden, zu sich nehmen. Achten Sie allerdings darauf, Lightsüß erst ab dem zweiten Lebensjahr zu geben, wenn die mögliche Erbkrankheit Phenylketonurie ausgeschlossen werden kann.

Abb. 12:   Mittlerweile hat die Hobbythek über 50 Frusip's-Sorten initiiert.

Frucht- oder Apfelsüße HT werden aus verschiedenen Früchten bzw. ausschließlich Äpfeln gewonnen und schmecken neutral. Sie enthalten natürliche Zuckerarten und süßen rein rechnerisch genauso wie Zucker. Meist werden sie durch ihren Fruchtzuckergehalt jedoch als süßer empfunden, so daß Sie weniger davon einsetzen können und deshalb auch noch ein paar Kalorien sparen.

Näheres zur **Ballastsüße HT** finden Sie auf *Seite 17*.

Liebesgrüße aus der Eifel
(für 2 Gläser)

2 TL	Frusip's Grenadine
4 TL	Rosenwasser
400 ml	Eiswasser
2 Tabl.	Lightsüß HT
	evtl. Rosenblätter oder kleine Rosenblüten (ungespritzt)

Abb. 13:
Ein exquisiter Drink mit Frusip's: „Liebesgrüße aus der Eifel".

Frusip's und Rosenwasser mischen und mit dem Eiswasser aufgießen, mit Lightsüß süßen. Zur Dekoration einige Rosenblätter oder eine Rosenblüte, angefeuchtet und in Zucker getaucht, mit ins Glas geben.

Apfel-Vanille-Shake
(für 1 Glas)

2 TL	Frusip's Apfel
1 TL	Apfelfaser HT
200 ml	Sprudelwasser
1 Kugel	Vanilleeis
1 TL	Krokant

Frusip's mit Apfelfaser vermischen und mit Sprudelwasser aufgießen. Vanilleeis dazugeben und mit Krokant bestreuen. Am besten mit einem Longdrinklöffel servieren.

Pfirsich-Karamel-Flip
(für 2 Gläser)

2 TL	Frusip's Pfirsich
1 TL	Frusip's Karamel
1 Tabl.	Lightsüß HT
200 ml	Sprudelwasser

Frusip's mit Lightsüß verrühren, mit Sprudelwasser aufgießen und gut umrühren, bis sich die Tablette gelöst hat.

Ginger-Traube
(für 1 Glas)

1 TL	Frusip's Rote Traube
1 TL	Frusip's Ginger Ale
1 TL	Fruchtsüße HT oder Apfelsüße HT
200 ml	Sprudelwasser

Frusip's mischen, süßen und mit Sprudelwasser aufgießen.

Das Getränk ist sehr süffig und erfrischend. Als Eiswürfelbowle wird es *der* antialkoholische Knüller auf Ihrer Gartenparty (siehe *Seite 87*).

Vom Durstlöschen bis zum Wasserlassen – Der menschliche Wasserhaushalt

Der Mensch – eine Handvoll Salze und Eiweiß, in Wasser gelöst

Wasser ist in unserem Körper allgegenwärtig, es füllt jede Zelle, umschließt sie von außen und fließt in den Körpergefäßen. Hier sind lebenswichtige Stoffe wie Salze und Proteine gelöst. Ein Leben ohne Wasser ist für uns Menschen nicht möglich. Das geht auf die Anfänge der Evolution zurück: So wie das Wasser vor Jahrmillionen Lebensmedium für einzellige Urtierchen war, schwimmen unsere Zellen auch heute noch in einem „See" aus Körperwasser. Für die endgültige Eroberung des Festlandes mußte das Lebenselement Wasser dann allerdings in eine tragbare Hülle gepackt werden – unsere Haut. Und so bestehen wir noch immer zu einem großen Teil aus Wasser: Bei einem erwachsenen Menschen beträgt der Wasseranteil im Körper etwa 60 %, bei einer 70 Kilogramm schweren Person sind das immerhin 42 Liter Wasser!

Abb. 14:   Der Mensch besteht zu etwa 60 % aus Wasser. Deshalb: Trinken nicht vergessen!

Dabei ist das Wasser keineswegs ein unnötiges Überbleibsel, sondern erfüllt lebensnotwendige Aufgaben: Wasser transportiert die für den Stoffwechsel nötigen Substanzen an ihre Bestimmungsorte, schleust Nährstoffe in die Zellen hinein und Abfallprodukte aus ihnen heraus und ist daher Basis für allerlei Körperflüssigkeiten. Ob Blut oder Lymphe, Galle, Magensaft, Spucke oder Schweiß, alle diese Säfte bestehen hauptsächlich aus Wasser. Wasser nimmt weiterhin als Reaktionspartner aktiv am Stoffwechselgeschehen teil und sorgt darüber hinaus als Puffer für den lebensnotwendigen Temperaturausgleich des Körpers. Wenn wir große Hitze ertragen müssen oder durch starke Anstrengungen ins Schwitzen geraten, rinnt uns der Schweiß. In der Haut liegende Schweißdrüsen entlassen Wassertropfen nach außen auf die Hautoberfläche, wo das Wasser verdunstet und für eine rasche Abkühlung des gesamten Organismus sorgt.

Der Wasserkreislauf in unserem Körper

Mit jedem Schluck Flüssigkeit und jedem Bissen fester Nahrung, den wir zu uns nehmen, setzt sich unser Verdauungssystem in Gang. Bei festen Speisen muß zunächst jede Menge Wasser (bis zu ca. sechs Litern) investiert werden, um eine gleitfähige und verdaubare Masse zu erhalten. Mit Hilfe von Speichel, Magensäften, Galle und Darmsäften wird allerdings nicht nur Flüssigkeit hinzugefügt,

sondern die Nahrung gleichzeitig in kleine Bestandteile gespalten, die schließlich vom Darm aufgenommen werden können. Hier wird neben dem zuvor investierten Wasser auch das Wasser aus der festen Nahrung und aus den Getränken in den Körperkreislauf eingeschleust.

Der größte Teil der Flüssigkeit wird im oberen Darmabschnitt, dem Dünndarm, aufgenommen. Dabei wandert Wasser mit den gelösten Nahrungsstoffen durch die Schleimhautfalten der Darmzotten in die Blutkapillaren. Das Blut führt beides dann direkt zur Leber. Hier werden Nährstoffe umgewandelt, gespeichert und auch schädliche Substanzen entgiftet. Von der Leber gelangt das Blut dann zum Herzen und wird von hier aus durch den ganzen Körper gepumpt. Aus den Blutgefäßen dringen die gelösten Nährstoffe und das Wasser in den inneren Wassersee, der jede Zelle umspült, und von hier aus dann auch in die Zelle. Versorgt mit frischen Nährstoffen gibt die Zelle Stoffwechselprodukte an die wäßrige Umgebung ab, die wieder ins Blut gelangen. Das Blut strömt schließlich durch die Nieren und wird hier von den Abfallprodukten gereinigt. Diese werden im Urin konzentriert und über die Blase ausgeschieden. Das gereinigte Blut kehrt wieder zum Herzen

zurück. Übrigens besitzen Vögel im Gegensatz zu uns Säugetieren keine unterschiedlichen Ausgänge für Harn und Kot. Ihr Verdauungstrakt mündet in der Kloake, der Körperöffnung am Hinterteil, über die eine feuchte Mischpaste aus Harn und Kot abgegeben wird. Bei uns Menschen kann dagegen der restliche Speisebrei fast komplett entwässert werden. Dies geschieht im Dickdarm, der Endstation des Magen-Darm-Traktes, wo letztlich der Kot entsteht. Hier werden ca. 90 % der restlichen Feuchtigkeit sowie noch enthaltene wertvolle Mineralien zurückgewonnen.

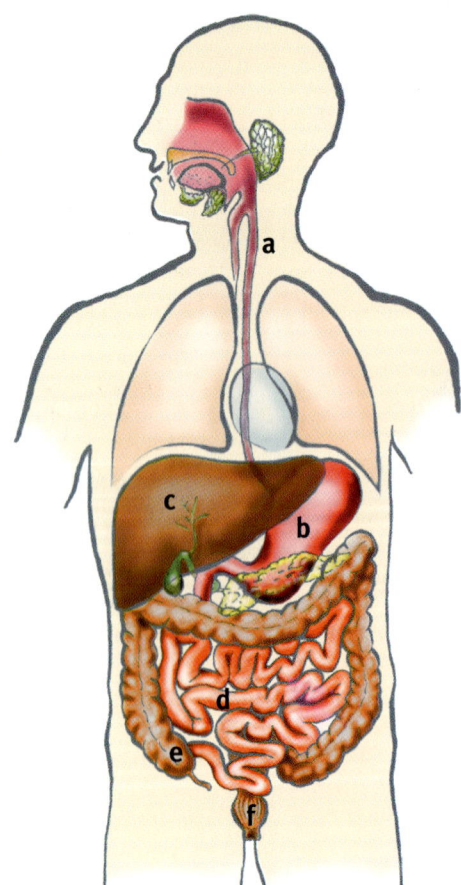

Grafik 9: Die Verdauungsorgane im Überblick: a) Speiseröhre, b) Magen, c) Leber, d) Dünndarm, e) Dickdarm, f) Anus

Und Tschüss ... – Wasserverluste

Jeden Tag gehen unserem Körper ca. 2,5 Liter Flüssigkeit verloren. Dabei entfällt der Hauptanteil auf den Harn. Selbst in Zeiten extremen Flüssigkeitsmangels müssen wir täglich mindestens etwa 700 Milliliter Wasser lassen. Mit dem Urin entledigen wir uns überflüssiger Substanzen, die uns, wenn sie im Körper verbleiben, gesundheitlichen Schaden zufügen können. Im einzelnen sind dies vor allem die Abbauprodukte von Eiweißen und weiteren Stickstoffverbindungen, die als Harnstoff und Harnsäure täglich anfallen und entsorgt werden müssen. Aber auch überschüssige anorganische Substanzen wie Natrium, Chlor, Kalium, Calcium und weitere Stoffe, die wir täglich zu uns nehmen, werden über die Nieren aus dem Körper geschleust. Auf diese Weise schützt sich der Organismus vor einer Veränderung des Wasser- und Mineralienhaushalts und regelt den osmotischen Druck der Körperflüssigkeiten (siehe *rechts*).

Ein großer Teil Wasser geht nicht als Flüssigkeit, sondern als Dampf verloren. Auch wenn wir nicht schwitzen, verdunsten von uns unbemerkt ca. 500 Milliliter Wasser täglich über die Haut. Über die Lungen verschwindet in etwa noch einmal die gleiche Menge an Wasser, da mit der verbrauchten Luft nämlich immer auch ein Teil Wasserdampf ausgeatmet wird. Und selbst mit scheinbar festen Stoffen wie dem Kot verlassen uns zwischen 150 bis 200 Milliliter Wasser täglich. Bei zuwenig

Wasser im Stuhl kann das tägliche Geschäft zur Qual werden, das weiß jeder, der schon einmal unter Verstopfung gelitten hat. Manchmal steckt hinter diesem Problem allerdings nur eine zu geringe Flüssigkeitsaufnahme, kontrollieren Sie deshalb einmal Ihr Trinkverhalten und achten Sie bewußt auf eine gesunde und ausreichende Flüssigkeitszufuhr. Trinken Sie mindestens zwei Liter täglich, z. B. Wasser, Tee oder verdünnte Säfte.

Oft ist auch eine zu geringe Ballaststoffaufnahme der Grund für Verdauungsprobleme. Bestimmte Arten von Ballaststoffen haben nämlich die wertvolle Eigenschaft, Wasser zu binden und durch dieses Quellvermögen für einen feuchten Stuhl zu sorgen. Wer also selten Vollkornprodukte, Kartoffeln, Gemüse und Obst zu sich nimmt, der bleibt weit unter der empfohlenen Menge von ca. 30 bis 40 Gramm Ballaststoffen täglich, die u. a. für eine geregelte Darmtätigkeit sorgen. Die Hobbythek plädiert seit Jahren für eine ausreichende Zufuhr an Ballaststoffen und hat eigens dafür eine Vielzahl von unterschiedlichen Ballaststoffen initiiert, die sich wunderbar in den täglichen Speiseplan integrieren lassen. Sogar Getränke lassen sich auf unkomplizierte Art und Weise mit Ballaststoffen anreichern, z. B. mit Apfelfaser HT. Rühren Sie, am besten mit dem Mixstab, einfach einen Teelöffel Apfelfaser in 200 Milliliter Getränk ein. **Apfelfaser HT** besteht aus natürlichen Apfelfa-

sern und schmeckt fruchtig-süßlich und leicht nach Apfel. Der Ballaststoffgehalt liegt bei 60 %, davon sind 13 % lösliche Ballaststoffe, vorwiegend Pektine. Oder süßen Sie Ihr Getränk doch zur Abwechslung mal mit Ballastsüße HT (siehe *Seite 17*).

Osmose

Der Vorgang mit Namen Osmose beschreibt den Drang von Wasser, ein Lösungsgleichgewicht herzustellen. Ein einfaches Experiment kann dies veranschaulichen: Wird Salz in einem Gefäß mit Wasser gelöst, verteilt sich das in Ionen zerfallene Salz (siehe *Seite 15*) gleichmäßig im Wasser. Trennt man jedoch vor der Salzzugabe das Gefäß durch eine sogenannte semipermeable Membran, die nur Wassermoleküle passieren läßt, in zwei Hälften und streut nun Salz in eine Hälfte, steigt die Salzkonzentration nur dort an. Ein Ausgleich mit der anderen Hälfte findet nicht statt, denn die Ionen können nicht durch die Membran auf die andere Seite wandern. Jetzt aber wechseln die Wassermoleküle aus der salzlosen Seite solange auf die salzige Seite, bis wieder ein Konzentrationsgleichgewicht herrscht. Dadurch steigt der Wasserspiegel auf der salzigen Seite an, auf der anderen fällt er entsprechend ab. Zwischen den Körperzellen und der umliegenden Flüssigkeit passiert bei einem Konzentrationsungleichgewicht ähnliches, denn unsere Körperzellen werden ebenfalls von einer semipermeablen Membran begrenzt.

Verdünnt sich z. B. beim Trinken von destilliertem Wasser die Flüssigkeit außerhalb der Zellen, herrscht zwischen Zellinnerem und -äußerem ein Konzentrationsungleichgewicht. Da die gelösten Stoffe in der Zelle nicht nach außen gelangen können, Wasser aber in der Lage ist, die Zellwand zu passieren, dringt Wasser in die Zelle ein. Schlimmstenfalls können die Zellen dadurch sogar platzen. Im umgekehrten Falle, z. B. durch Trinken von salzhaltigem Meerwasser, erhöht sich die Salzkonzentration im Extrazellulärraum stark, so daß Wasser aus der Zelle austritt.

Der Druck, der zwischen Zellinnerem und -äußerem herrscht und die Wasserverschiebungen auslöst, wird osmotischer Druck genannt.

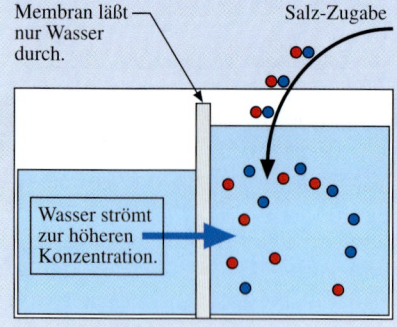

Membran läßt nur Wasser durch.

Salz-Zugabe

Wasser strömt zur höheren Konzentration.

Die Flüssigkeitsräume im Körper

Die Körperflüssigkeiten werden nach dem Ort, an dem sie sich befinden, eingeteilt. Grundsätzlich werden zunächst einmal intrazelluläre (innerhalb der Zellen) und extrazelluläre (außerhalb der Zellen) Flüssigkeit unterschieden, die auch in ihrer Zusammensetzung voneinander abweichen.

Innerhalb der Zelle überwiegt Kalium, während außerhalb Natrium vorherrscht. Die extrazelluläre Flüssigkeit umfaßt die Gewebsflüssigkeit, also die Flüssigkeit, die die Körperzellen umgibt (interstitielle Flüssigkeit), die Flüssigkeit innerhalb der Gefäße (intravasale Flüssigkeit) sowie die Verdauungssäfte und kleinere Flüssigkeitsmengen wie z. B. Augenkammerwasser (transzelluläre Flüssigkeit).

Die verschiedenen Flüssigkeitsräume haben eine ausgleichende Funktion im Wasserhaushalt. Kommt es z. B. aufgrund einer Flüssigkeitsaufnahme zur Ausdehnung des Gefäßvolumens, so kann überschüssige Flüssigkeit in den interstitiellen Raum abgepreßt werden. Das Interstitium agiert sozusagen als Überlaufgefäß für die Blutbahn, bis die Nieren über die Flüssigkeitsausscheidung einen Ausgleich schaffen können. Das funktioniert übrigens auch in umgekehrter Richtung: Bei starken Durchfällen oder auch plötzlichem Blutverlust strömt Körperwasser aus dem Interstitium in die Blutbahn und verhindert so einen Druckabfall in den Gefäßen. Ernsthafte Probleme treten allerdings auf, wenn die Nieren nicht mehr in der Lage sind, die überschüssige Flüssigkeit schnell auszuscheiden, was bei bestimmten Nierenerkrankungen der Fall ist. Die extrazelluläre Flüssigkeit vermehrt sich, das Blutvolumen steigt und

Körperwasser	Prozent (%)
Flüssigkeit innerhalb der Zellen (intrazelluläre Flüssigkeit)	ca. 35 %
Flüssigkeit außerhalb der Zellen (extrazelluläre Flüssigkeit)	ca. 25 %
– Gefäßflüssigkeit (intravasal)	ca. 5 %
– Gewebeflüssigkeit (interstitiell)	ca. 19 %
– Augenkammerwasser u. a. (transzellulär)	ca. 1 %

Tabelle 5: Wasserräume im Körper – Aufteilung des Körperwassers in den Kompartimenten (in Prozent auf das Körpergewicht bezogen)

die Folge davon ist ein erhöhter Blutdruck, der auf Dauer sämtliche Gefäße, die sehr empfindlichen Blutbahnen der Nieren eingeschlossen, schädigen kann.

Und über allem wacht die Niere

Die wichtigsten Kontrollorgane in unserem Flüssigkeitshaushalt sind die Nieren. Sie regulieren den Salz- und Wasserhaushalt und schaffen auf diese Weise die lebenswichtigen konstanten Verhältnisse in den extrazellulären Flüssigkeitsräumen. Ihre Leistungsfähigkeit ist enorm, täglich fließen etwa 1500 Liter Blut durch sie hindurch. Doch trotz ihres hohen Arbeitspensums kann nichts

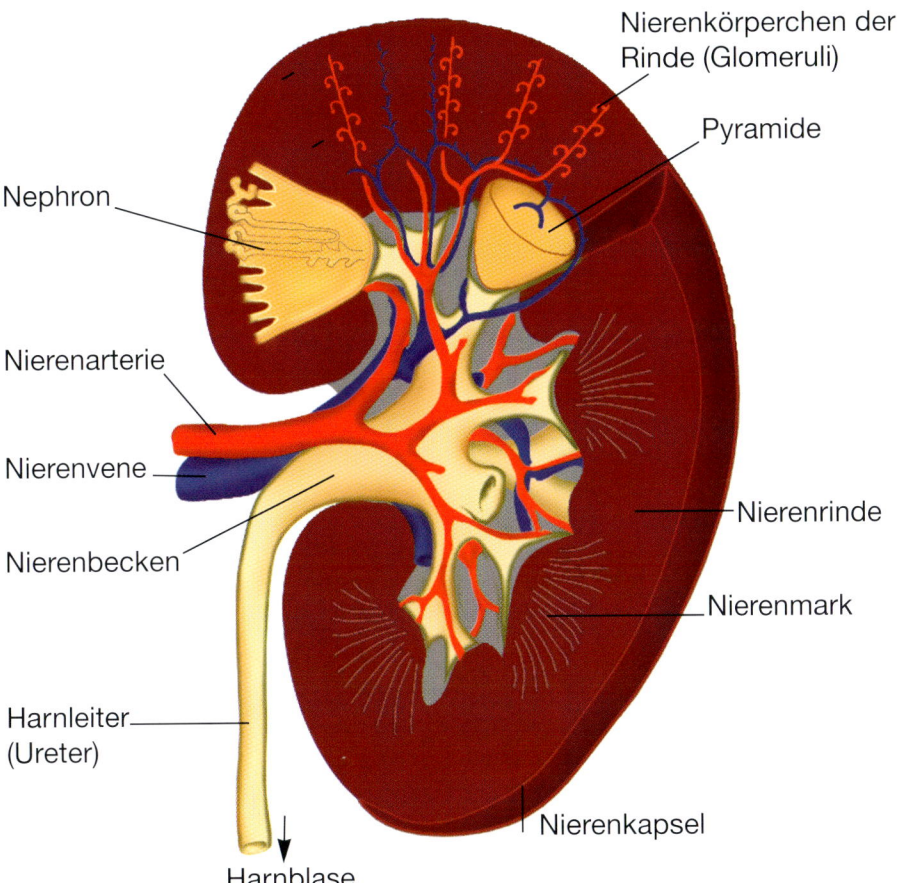

Nierenkörperchen der Rinde (Glomeruli)

Pyramide

Nephron

Nierenarterie

Nierenvene

Nierenbecken

Harnleiter (Ureter)

Harnblase

Nierenrinde

Nierenmark

Nierenkapsel

Grafik 10: Der Aufbau unserer Nieren.

Filtrat ist der sogenannte Primärharn, der täglich ein Volumen von ca. 180 Litern umfaßt und in den folgenden Abschnitten des Nephrons stark konzentriert werden muß, damit der Körper so wenig Wasser und lebensnotwendige Substanzen wie nötig verliert. Dafür wird der Primärharn in geschwungenen Kanälchen durchs Nierengewebe geleitet (siehe Grafik 11 *Seite 44*). Entlang der Strecke mit proximalem Tubulus, Henlescher Schleife und distalem Tubulus besteht die Möglichkeit zur Rückresorption, also der Rückgewinnung von Wasser, Salzen und weiteren im Primärharn gelösten Stoffe wie z.B. Aminosäuren und Glucose.

Auf diese Weise kehren ca. 99 % des Primärharns in den extrazellulären Raum zurück. Am Ende des Nephrons befindet sich eine Sammelröhre für den konzentrierten Endurin, die in das Nierenbecken mündet. Von hier aus wird der Urin dann schließlich in die Blase weitergepreßt. Der Endurin hat ein Volumen von ca. 1,5 Litern, das ist die normale Menge an Harn, die der Organismus täglich verliert.
Leidet der Körper unter Flüssigkeitsmangel, muß Wasser eingespart werden. In einem solchen Fall kann der Harn bis zu einem gewissen Grad konzentriert werden. Der Wassersparmechanismus wird von einem Hormon ausgelöst, das bei Flüssigkeitsmangel

an dieser Überwachungsstation vorbeischlüpfen, ohne registriert zu werden. Permanent wird kontrolliert und aussortiert, ausgeschüttet, aufgesaugt und konzentriert, je nachdem, wie es gerade verlangt wird.
Zu diesem Zweck befinden sich in jeder Niere über eine Million Nephrone, so heißen die kleinsten Arbeitseinheiten der Niere. Das Blut fließt aus der Nieren-

arterie über kleinere Verästelungen in ein solches Nephron hinein und wird gleich im ersten Abschnitt, den Nierenkörperchen mit der Bowmanschen Kapsel, filtriert. Größere Eiweißmoleküle und Zellen bleiben zurück, während Wasser und kleinere gelöste Stoffe den Filter passieren. Das zell- und eiweißfreie

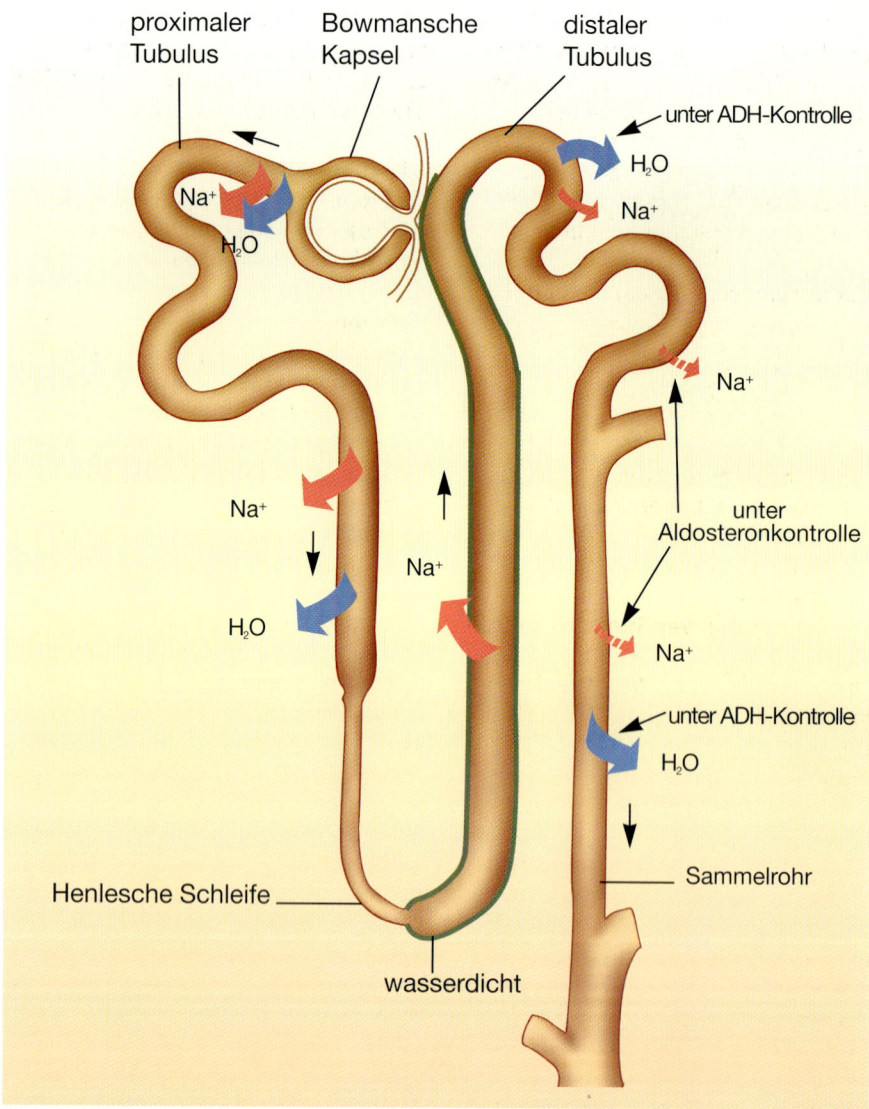

proximaler Tubulus

Bowmansche Kapsel

distaler Tubulus

unter ADH-Kontrolle

Na^+

H_2O

Na^+

H_2O

Na^+

Na^+

H_2O

Na^+

unter Aldosteronkontrolle

Na^+

Na^+

Na^+

unter ADH-Kontrolle

H_2O

Henlesche Schleife

Sammelrohr

wasserdicht

Grafik 11:   Jede Niere besteht aus ca. einer Million Nephronen, die das Blut filtrieren und den Harn stark konzentrieren.

freigesetzt wird und auf dem Blutwege die Nieren erreicht. Es heißt ADH, das ist die Abkürzung für Anti-Diuretisches-Hormon, also das Anti-Ausscheidungs-Hormon. Unter seinem Einfluß wird aus dem Primärharn verstärkt Wasser zurückgewonnen. ADH wirkt im unteren Schleifenteil des Nephrons auf die Zellen und macht sie aufnahmefähiger bzw. durchlässiger für Wasser.

Wird viel getrunken, kann überflüssiges Wasser durch einen stark verdünnten Harn abgegeben werden. In diesem Fall wird die ADH-Ausschüttung blockiert, die Tubuluswände verschließen sich und werden wasserundurchlässig.
Eine ähnliche Kontrolle üben die Nieren auch auf den Salzhaushalt aus. U. a. wirkt das Hormon Aldosteron regulierend auf die Natriumkonzentration ein. Unter seiner Wirkung wird ein Mangel an Natrium durch konsequentes Zurückhalten ausgeglichen, ohne seinen Einfluß wird ein Überschuß ausgeschwemmt. Auf diese Art und Weise sind die Nieren der Garant für eine konstante Blutzusammensetzung und nehmen Einfluß auf den osmotischen Druck der Körperflüssigkeiten.

Die Farbe Gelb oder Kontrolle ist besser

Urin enthält neben Wasser, Salzen und den stickstoffhaltigen Substanzen auch eine Verbindung mit Namen Urochrom. Sie gehört zu den Eiweißabbauprodukten, die mit dem Harn ausgeschleust werden, und gibt dem Harn seine gelbe Farbe. Wie ein

Indikator kann dieser Farbstoff Hinweise darauf geben, wie es um den Wasserhaushalt des Körpers bestellt ist. Werfen Sie also nach dem Toilettengang mal einen Blick in die Schüssel! Ist der Urin dunkel gefärbt, ist er besonders konzentriert und Sie sollten mehr trinken. Ihr Körper verfügt in diesem Fall wahrscheinlich über zu wenig Flüssigkeit. Optimal ist ein hellgelber Urin, der einen funktionierenden und ausgeglichenen Wasserhaushalt signalisiert. Für das bloße Auge nicht zu erkennen sind bestimmte Erkrankungen der Niere und Blase, allerdings können hier spezielle Teststäbchen, die für ca. 5 DM in der Apotheke bereitgehalten werden, erste Hinweise geben. Hiermit lassen sich z.B. Eiweiß, Nitrit und Blut im Urin nachweisen. Auch eine versteckte Diabetes kann durch das Auftreten von Glucose im Urin – im Volksmund Zucker genannt – festgestellt werden.

Lebenswichtige Mineralien

Der Wasserhaushalt des menschlichen Körpers ist ganz eng mit dem Mineralienhaushalt verknüpft. Ein hoher Wasserverlust bedeutet gleichzeitig auch einen Verlust an Mineralien. Bei Durchfall kann der Körper z.B. bis zu sechs Liter Flüssigkeit pro Tag und jede Menge wichtiger Mineralien verlieren. Beides muß unbedingt ersetzt werden.

Durchfallkranke sollten also viel trinken, mindestens drei Liter am Tag! Im Zweifelsfall sollte man bei länger anhaltendem Durchfall auf jeden Fall einen Arzt aufsuchen. In leichten Fällen helfen Kamillen- und Fencheltees oder kohlensäurearmes Wasser. Sie können Ihren Salzhaushalt aber zusätzlich auch mit einer Elektrolytmischung auffrischen.

Elektrolytmischung bei Durchfall

1 EL Salz
2 EL Zucker
2 EL Multimineralpulver Super HT

Diese Mischung auf zwei Liter Wasser oder Tee geben und nach Geschmack einen Eßlöffel Frusip's, z.B. Apfel, hinzufügen. Diese Menge über den Tag verteilt trinken.

Multimineralpulver Super HT enthält wichtige Mineralstoffe wie Magnesium, Calcium und Kalium. Bei unzureichender Versorgung mit diesen Mineralstoffen kann zur Ergänzung täglich ein Teelöffel dieses Pulvers in Speisen und Getränke eingerührt werden.

Nicht nur bei Durchfallerkrankungen kann es zu Störungen im Salz- und Wasserhaushalt kommen, auch sehr aktive Menschen leiden schnell unter Wasser- und Mineralienmangel, wenn nach starkem Schwitzen die Depots nicht wieder aufgefüllt werden. Pro Liter Schweiß gehen mit dem Wasser ca. zwei Gramm Natriumchlorid, 0,3 Gramm Kalium, geringe Mengen Calcium, Magnesium und Spurenelemente verloren. Wenn Sie jedoch auf eine ausgewogene und mineralstoffreiche Ernährung achten, reicht bei einer sportlichen Belastung von ein bis zwei Stunden ein Auffüllen der Depots mit einer Saftschorle, z.B. Wasser und Apfelsaft im Verhältnis 1:3, völlig aus. An dieser Stelle einen schnellen Überblick über die Mineralien:

Natrium

Natrium ist das häufigste Kation der extrazellulären Flüssigkeit. Zusammen mit Kalium regelt es den Wasserhaushalt des Körpers und spielt eine wesentliche Rolle bei der Blutdruckregulation. Außerdem ist es wichtig für die Aufrechterhaltung des Säure-Basen-Gleichgewichts. Jedoch sollte man es mit Vorsicht genießen! Untersuchungen in vielen Ländern ergaben einen Zusammenhang zwischen Bluthochdruckhäufigkeit und einem zu hohen Natriumkonsum, insbesondere in Verbindung mit Chlorid in Form von Kochsalz (NaCl). Auch wenn für Bluthochdruck viele weitere Faktoren eine wichtige Rolle spielen, sollten natriumempfindliche Personen im Umgang mit Kochsalz vorsichtig sein. Eine Menge von ca. zwei Gramm Natrium, das entspricht fünf Gramm Kochsalz, gilt als ausreichend. Bei starkem Schwitzen kann es allerdings zu einem erhöhten Bedarf kommen.

Der Beitrag von Trinkwasser zur Natriumaufnahme ist gegenüber dem aus festen Lebensmitteln vernachlässigbar. Anders sieht es dagegen bei Mineralwasser aus. Die meisten Mine-

Abb. 15:
Trinken Sie nach dem Sport doch einmal eine erfrischende Saftschorle – das löscht den Durst und versorgt den Körper mit notwendigen Mineralien.

Brot, Milch- und Milchprodukten vorhanden. Während das Trinkwasser für die Kaliumversorgung ohne Bedeutung ist, enthalten andere Getränke wie Tee und Kaffee mehr Kalium.

Calcium

Calcium ist ein für den Menschen besonders wichtiger Mineralstoff. Er ist ein wesentlicher Baustein von Knochen und Zähnen, ist an der Blutgerinnung beteiligt und spielt eine wichtige Rolle bei der Erregbarkeit von Nerven und Muskeln. Ein Mangel führt zu Osteoporose, d.h. zur Entkalkung der Knochen mit Verkrümmung der Wirbel und einer Neigung zu Knochenbrüchen.

Die empfohlene Tagesmenge für Erwachsene liegt bei 800 bis 1000 Milligramm pro Tag. Für Kinder und Jugendliche besteht durch das intensive Knochenwachstum ein erhöhter Bedarf. Neben Milch und Milchprodukten, die hervorragende Calciumlieferanten sind, ist besonders „hartes" Trinkwasser (siehe *Seite 18*) für die Calciumzufuhr bedeutend.

Fluor

Beim Spurenelement Fluor liegen erwünschte und schädliche Wirkungen eng beieinander. Fluorid ist in geringen Mengen für die Bildung von Knochen und Zahnschmelz lebensnotwendig und erhöht den Widerstand gegen Karies. Zusätzlich zur Aufnahme aus Nahrung und Getränken sind deshalb Ergänzungen in Form von Tabletten und Tropfen üblich. Über 90 % des Trinkwassers in

ralwässer enthalten zuviel Natrium- und oft auch Chlorid-Ionen, so daß sie für Menschen mit Bluthochdruck nicht geeignet sind. Achten Sie auf die Kennzeichnung „natriumarm", das garantiert weniger als 20 Milligramm Natrium pro Liter.

Kalium

Kalium ist wichtigster Bestandteil der Zellflüssigkeit. Es ist hauptverantwortlich für den osmotischen Druck innerhalb der Zelle und beeinflußt somit die Wasserverteilung im Körper. Darüber hinaus ist es für das Säure-Basen-Gleichgewicht und die Funktionsfähigkeit von Muskeln und Nerven notwendig. Obwohl die Gesamtkaliummenge außerhalb der Zellen bei nur 2 % liegt, reagiert der Körper sehr stark auf Veränderungen dieser Konzentration. Ein Mangel, z.B. bei Durchfall, oder eine langfristige Überdosierung können rasch zu Schäden an Herz und Muskeln führen. Kalium ist besonders in pflanzlichen Lebensmitteln wie Gemüse und Obst, der BRD enthält weniger als 0,3 Milligramm Fluorid pro Liter. Der genaue Wert, der auch über die Gabe der Ergänzungspräparate entscheidet, kann beim Wasserwerk nachgefragt werden. Ebenso muß bei der Zubereitung von Säuglingsnahrung mit Mineralwasser dessen Fluoridgehalt berücksichtigt werden. In einigen Ländern, z. B. in der Schweiz und einigen Staaten der USA, wird das Trinkwasser zur Kariesvorbeugung mit Fluor angereichert. Dies ist in der BRD verboten, um Fluorvergiftungen auszuschließen, die Schäden an Skelett und Zähnen zur Folge haben.

Problematische und giftige Stoffe

Nitrat und Nitrit
Eine Nitratbelastung kann sowohl in pflanzlicher Nahrung als auch im Trinkwasser vorkommen. Die Ursachen hierfür sind häufig die Folgen einer Überdüngung, aber auch Emissionen der Industrie und der Autoverkehr tragen hierzu bei. Nitrat ist problematisch, da es im Körper zu Nitrit umgewandelt werden kann. Nitrit behindert den Sauerstofftransport im Blut, vor allem bei Säuglingen kann es dadurch zur sogenannten Blausucht kommen: Durch den Sauerstoffmangel im Blut zeigen sich blaurote Verfärbungen an Haut und Schleimhäuten. Die Blausucht kann sogar zum Tod durch Ersticken führen. Nitrat kann sich weiterhin im Körper mit Aminen aus der Nahrung zu krebserregenden Nitrosaminen verbinden. Der Gesundheit zuliebe ist also auf eine nitratarme Ernährung zu achten, wobei der Nitratgehalt des Trinkwassers weniger Bedeutung hat als der in Lebensmitteln. Nur etwa 30 % des täglich aufgenommenen Nitrats stammen aus dem Trinkwasser, die restlichen 70 % kommen vor allem aus Gemüse und Salaten.

Kupfer, Blei und Cadmium
Kupfer ist ein notwendiges Spurenelement, führt aber bei hohen Belastungen zu Gesundheitsschäden, insbesondere Säuglinge sind davon betroffen (siehe *Seite 31*). Blei wirkt schon in Spuren als Zellgift, es wird im Körper gespeichert und kann unter bestimmten Umständen, z. B. in der Schwangerschaft oder bei einer Krankheit, wieder freigesetzt werden. Auch Cadmium reichert sich im Körper an und führt ab einer bestimmten Konzentration zu Nierenschäden bis hin zu Nierenversagen. Wie wir bereits erklärt haben, wird das Trinkwasser strengstens auf diese giftigen Stoffe kontrolliert! Gesundheitliche Gefahren drohen in allen Fällen nur durch manche alte Hausinstallation (siehe *Seite 31*).

Warnsignal Durst

Trotz des hohen Wassergehalts unseres Körpers reagieren wir sehr empfindlich auf kleinste Veränderungen im Flüssigkeitshaushalt. Während es möglich ist, 30 Tage ohne feste Nahrung weitgehend unbeschadet zu überstehen, wirkt sich ein Mangel an Flüssigkeit schnell lebensbedrohlich aus. Schon nach zwei bis vier Tagen versagt die Fähigkeit der Niere, harnpflichtige Substanzen auszuscheiden, und das Blut dickt ein. Als Folge davon kommt es dann zu Kreislaufversagen.

Gewöhnlich gleichen wir allerdings verlorengegangene Flüssigkeit durch Trinken wieder aus. Sollten wir vergessen zu trinken, macht sich der Flüssigkeitsmangel durch eine trockene Kehle bemerkbar. Dann wird es aber auch schon höchste Zeit, zum Glas zu greifen, denn bis dahin ist bereits folgendes passiert: Der Körper hat den Flüssigkeitsmangel bereits über sogenannte „Osmorezeptoren" im Gehirn wahrgenommen, die auf einen Wassermangel im Extrazellulärraum reagieren. Da dieser mit der Zellflüssigkeit im Gleichgewicht steht, würde in einem solchen Fall Wasser aus der Zelle in den Extrazellulärraum austreten. Um die Zelle vor allzu großen Volumen- und Konzentrationsschwankungen zu schützen, geben die Osmorezeptoren den Befehl: „Einschränkung des Flüssigkeitsausstoßes". Der Organismus beginnt daraufhin, Wasser zu sparen und hält u. a. auch die Spucke zurück. Das macht sich dann mit einem trockenen Mund und trockener Kehle bemerkbar. Besser ist es aber, gar nicht erst solange zu warten, bis sich Durst entwickelt, denn bereits geringe Abweichungen im Wasserhaushalt können gesundheitsschädlich sein. Planen Sie darum das Trinken als festen Bestandteil einer ausgewogenen Ernährung in den Tag mit ein.

Wir trinken zu wenig

Der Wassergehalt des Körpers verändert sich stark mit dem Lebensalter des Menschen. Während der Körper eines Säuglings zu ca. 75 % aus Wasser besteht, sind es beim Erwachsenen nur noch ca. 60 %. Im Alter schrumpft das Körperwasserreservoir dann weiter, bis es nur noch ca. 50 % der Körpermasse ausmacht. Wir unterliegen quasi einem lebenslangen Verdunstungsprozeß. Ist die Haut im Kindesalter proper und glatt, entstehen im fortgeschrittenen

Alter erste Fältchen und später werden daraus richtige Falten und Furchen. Allen Träumen von der ewig jugendlichen Haut zum Trotz, läßt sich daran leider nicht viel ändern, doch etwas kann man tun: darauf achten, daß der Körper rundum mit allem versorgt ist, was er täglich braucht. An erster Stelle steht hier eine optimale Versorgung mit Flüssigkeit. Besonders bei älteren Menschen kann gerade dies zum Problem werden, denn das Durstgefühl läßt allmählich nach, und selbst wenn der Körper unter einem Mangel an Flüssigkeit leidet, erfolgt das Signal des Durstempfindens nicht mehr rechtzeitig. Die Folge: Das Trinken wird häufig einfach vergessen. Hilfreich kann es daher sein, sich direkt am Morgen die nötige Flüssigkeitsmenge, die über den Tag getrunken werden muß, bereitzustellen,

und das gilt nicht nur für ältere Menschen.

Bisher haben sich nur wenige wissenschaftliche Untersuchungen mit dem individuellen Getränkekonsum befaßt, doch wird die Vermutung bestätigt, daß wir im allgemeinen zu wenig trinken. Die Deutsche Gesellschaft für Ernährung (DGE) empfiehlt für Erwachsene eine Mindestmenge von 1,3 Litern pro Tag, doch ersetzt diese Menge gerade mal die Verluste durchs Wasserlassen.

Der tatsächliche Flüssigkeitsbedarf liegt bei 2,5 Litern pro Tag und kann bei Hitze oder körperlichen Anstrengungen, aber auch durch hohen Kochsalzverzehr und Krankheiten wie Fieber, Erbrechen und Durchfall stark ansteigen. Je weniger man ißt, desto mehr sollte

	Alter	Menge (pro kg Körpergewicht)	Körpergewicht	Menge (gesamt)
SÄUGLINGE	0– 6 Monate	120–180 ml	5,0 kg	0,6–0,9 l
	6–12 Monate	120–145 ml	8,5 kg	1,0–1,3 l
KINDER	1– 3 Jahre	115–125 ml	13 kg	1,5–1,6 l
	4– 6 Jahre	100–110 ml	20 kg	2,0–2,2 l
	7– 9 Jahre	90–100 ml	27 kg	2,4–2,6 l
	10–12 Jahre	70– 85 ml	38 kg	2,7–3,2 l
	13–14 Jahre	50– 60 ml	50 kg	2,5–3,0 l
JUGENDLICHE	15–18 Jahre	40– 50 ml	50 kg	2,0–2,5 l
			65 kg	2,6–3,3 l
ERWACHSENE	ab 19 Jahre	35– 45 ml	60 kg	2,1–2,7 l
			75 kg	2,6–3,4 l

Tabelle 6:   Flüssigkeitsbedarf pro Tag nach Alter und Gewicht (Das Wasser in Speisen ist mitberücksichtigt)

Flüssigkeitszufuhr	Flüssigkeitsverluste
Getränke 1300 ml	Urin 1400 ml
feste Nahrung 900 ml	Stuhl 100–200 ml
Oxidationswasser 300 ml	Haut 500 ml
	Lunge 500 ml
Gesamt ca. 2500 ml	Gesamt ca. 2500 ml

Tabelle 7: Durchschnittliche tägliche Flüssigkeitszufuhr und -verluste eines Erwachsenen

man trinken, denn durch diesen Verzicht verringert sich der wäßrige Beitrag aus der festen Nahrung. Feste Lebensmittel enthalten nämlich auch eine gewisse Menge Wasser, die unser Körper als Wassereinnahmequelle nutzt. Wer nicht viel trinken kann oder möchte, muß versuchen, mit besonders wasserreicher Nahrung wie Obst, Gemüse, Salaten oder Suppen einen Ausgleich zu schaffen. Ab *Seite 81* finden Sie nicht nur jede Menge Anregungen für abwechslungsreiche Getränke, sondern auch raffinierte Speisen, mit denen Sie Ihren Flüssigkeitshaushalt auffrischen können.

Es gibt außerdem noch eine geheime Wasserquelle in unserem Körper, die den meisten unbekannt sein dürfte: Bei der Verstoffwechselung der Nährstoffe entsteht im Organismus Wasser, das ebenfalls in den Flüssigkeitshaushalt integriert wird. Was für uns nur eine Ergänzung darstellt, ist bei einigen Lebewesen die ausschließliche Wasserquelle. Die amerikanische Wüstenratte ernährt sich z. B. nur von

trockenen Körnern und nimmt ihr ganzes Leben lang keinen Tropfen Wasser zu sich. Das erfordert allerdings auch eine Einschränkung der Wasserverluste: Statt wäßrigen Urins wird bloß ein stark eingedickter Sirup ausgeschieden.

Damit es uns nicht genauso ergeht, ist Trinken die oberste Pflicht. Die Auswahl an Getränken ist enorm, doch längst nicht alles ist auch ein Segen für unsere Gesundheit. Im Vergleich zum Wasser verringern nämlich viele Getränke sogar den Wasserbestand des Körpers, indem sie für einen höheren Flüssigkeitsverlust sorgen, als es eine vergleichbare Menge Wasser tut. So wirken z. B. Kaffee oder in geringem Umfang schwarzer Tee durch ihren Coffeingehalt harntreibend. Genießen Sie Ihren Kaffee deshalb wie im Süden und servieren Sie direkt ein Glas Wasser dazu, so können Sie dem Flüssigkeitsverlust vorbeugen. Wenn Bier und andere alkoholische Getränke

Grafik 12: Der Ernährungskreis veranschaulicht, in welchem Verhältnis Lebensmittel verzehrt werden sollten, und zeigt die große Bedeutung, die Getränke in unserer Ernährung haben.

in rauhen Mengen fließen, ist es neben der getrunkenen Flüssigkeitsmenge der Alkohol, der einen ständig auf die Toilette treibt. Alkohol hemmt das Hormon ADH (siehe *Seite 44*), das in der Niere für die Wiederaufnahme des Wassers aus dem Primärharn verantwortlich ist. Dadurch geht dem Organismus wertvolles Wasser verloren. Bier spült zwar einerseits die Niere, sorgt aber andererseits auch für einen Verlust an Körperflüssigkeit, der sich wenige Stunden nach dem Gelage mit einem höllischen Nachdurst bemerkbar macht. Der Flüssigkeitsbestand muß rasch wieder ausgeglichen werden, am besten ist es allerdings, Sie lassen es erst gar nicht soweit kommen. Durch ein Abwechseln der Getränke können Sie das Schlimmste verhüten, also nach jedem Bierchen erst einmal ein Glas Wasser, das hält auch länger nüchtern. Oder versuchen Sie es mal mit alkoholfreiem Bier. Wer Wein bevorzugt, kann sich mit einer Weinschorle, halb Wein, halb Wasser, helfen. In diesem Sinne Prost!

Abb. 16: Besonders für Kinder ist regelmäßiges und ausreichendes Trinken sehr wichtig.

Kleinkinder und das Pipimachen

Während Säuglinge durch Muttermilch und Babynahrung gut mit Flüssigkeit versorgt sind, sieht es bei Kleinkindern meist ganz anders aus. Sie kommen in ein Alter, in dem ihre Eltern gerne verkünden würden, daß ihre Sprößlinge „trocken" sind. Nicht selten wird dann versucht, das unkontrollierte Pipimachen durch Trinkverbote oder -rationierungen zu verhindern. Doch diese Maßnahme ist grundverkehrt, denn ein Wassermangel kann bei Kindern ernste gesundheitliche Folgen haben. Im schlimmsten Falle kann es zu Nierenfunktionsstörungen und bleibenden Schäden kommen. Wann immer Kinder Durst haben, sollten sie auch trinken dürfen, natürlich nur geeignete Durstlöscher wie Wasser, ungesüßte Früchte- und Kräutertees oder verdünnte Fruchtsäfte. Das Trockenwerden folgt meist mit ein bißchen Geduld ganz von selbst.

Aufgebrühtes aus aller Welt

Bei der Wahl der aufgebrühten Getränke sind wir nicht gerade einfallsreich. Kaffee und eventuell schwarzer Tee, etwas anderes kommt meist nicht in die Tasse. Wir haben uns einmal in der Welt umgesehen und neue interessante Teesorten entdeckt, die nicht nur aromatisch, sondern auch sehr gesund sind. Doch bevor wir Ihnen die Tees vorstellen, zunächst ein wenig über des Deutschen liebstes Heißgetränk.

Kännchen Kaffee

Dazu sagt hierzulande kaum jemand „Nein". Die Deutschen lieben die schwarze Bohne immer noch heiß und innig. Im Schnitt trinkt jeder Bundesbürger fast 190 Liter Kaffee (ca. 1200 Tassen) pro Jahr. Die wichtigsten Kaffeelieferanten für Deutschland sind Kolumbien, Kenia, Zentralamerika und Brasilien. Es werden hauptsächlich zwei

Abb. 17: Die Frucht des Kaffeebaums wird wegen ihrer dunkelroten Farbe auch Kaffeekirsche genannt.

Kaffeebaumarten angebaut: die im Hochland gedeihende edle Sorte *Coffea arabica* (Arabica) und die weniger wertvolle, in niederen Gebieten wachsende *Coffea canephora* (Robusta).

Die begehrten Bohnen sind die Samen aus der Kaffeebaumfrucht, die wegen ihrer dunkelroten Farbe auch Kaffeekirsche genannt wird. Paarweise eingebettet liegen sie im Fleisch dieser Kirsche und werden gleich nach der Ernte von dem Fruchtfleisch befreit. Nach dem Trocknen und Schälen erhält man den graugrünen Rohkaffee, der nun zu den Röstereien in alle Welt geschickt werden kann. Erst das Rösten bringt den Kaffeebohnen ihre dunkle Farbe und verleiht ihnen das so geschätzte unwiderstehliche Kaffeearoma.

Etwa 4000 Kaffeebohnen müssen für ein Kilo Kaffee gepflückt werden. Viele Kleinbauern, die die Plantagen bewirtschaften und die Ernte von Hand übernehmen, leben in völliger wirtschaftlicher Abhängigkeit und sind daher den diktierten Preisen hilflos ausgeliefert. Um die Lebenssituation dieser Menschen zu verbessern, haben sich verschiedene Organisationen im Verein TransFair e.V. zusammengeschlossen. Sie garantieren mit ihrem Siegel gerechte Mindestpreise und sorgen durch das Abschließen langfristiger Verträge auch für eine gesicherte Zukunft. Wir von der Hobbythek raten schon seit Jahren dazu, beim Kaffeekauf auf das Trans-Fair-Siegel zu achten.

Beliebt ist Kaffee vor allem wegen seiner anregenden und belebenden Wirkung, die er dem Coffein verdankt. Eine Tasse Kaffee enthält je nach Zubereitungsart zwischen 50 und 135 Milligramm Coffein. Coffein ist der schnelle Muntermacher, der schon eine gute Viertelstunde nach dem ersten Schluck anregend auf das Herz-Kreislauf-System sowie das Zentralnervensystem wirkt. Coffein wird allerdings auch immer wieder verdächtigt, für Bluthochdruck verantwortlich zu sein. Nach heutigem Wissen scheint die Ursache aber nicht beim Coffein zu liegen, denn es sind hauptsächlich coffeinempfindliche Menschen – und das sind meist jene, die eher selten Kaffee trinken –, die auf Kaffeegenuß mit einer Blutdruckerhöhung reagieren können. Bei Gewohnheits-Kaffeetrinkern bleibt Coffein jedoch ohne merklichen Einfluß auf den Blutdruck. Es gibt also keinen Grund, einem Kaffeeliebhaber mit leicht erhöhtem Blutdruck seine tägliche Portion Kaffee zu vermiesen. Bei Magengeschwüren oder sonstigen individuellen Unverträglichkeiten sollte man auf andere Getränke, z.B. Tee oder Kräutertee, umsteigen. Als Durstlöscher sollte der Kaffee jedenfalls nicht dienen, denn kännchenweise getrunken überwiegen dann doch die Nachteile. Gegen drei bis vier Tassen – über den Tag verteilt – ist aber sicher nichts einzuwenden. Und gefiltert sollte er sein, denn Wissenschaftler haben aus aufgebrühtem Kaffee Substanzen isoliert, die zu einer Erhöhung des Cholesterinspiegels beitragen können.

Schwarz oder grün – die Tasse Tee

Weltweit betrachtet führt eindeutig der Tee die Hitliste der beliebtesten Getränke an. Der schwarze und der grüne Tee sind Auszüge der Blätter des immergrünen Teestrauchs *Camellia* bzw. *Thea sinensis*, der vor allem in Indien, Sri Lanka, China, Japan und Taiwan angebaut wird. Gepflückt werden die grünen Blätter, wobei die zwei jüngsten oberen Triebe und die Blattknospe besonders hochwertige Sorten ergeben.

„Schwarzer Tee" ist eine Sammelbezeichnung für Tees, die vor dem Trocknen fermentiert werden. Dafür werden die Blätter zunächst zum Welken gebracht und anschließend gerollt. Der aus den Blattzellen austretende Zellsaft ermöglicht chemische Reaktionen, in deren Verlauf Aromastoffe gebildet werden und die Blätter ihre rotbraune Farbe erhalten. Der Wechsel zur schwarzen Farbe vollzieht sich während der abschließenden Trocknung. Tee enthält im Mittel etwa 2 bis 4,5 % Tein, so wurde früher das im Tee befindliche Coffein genannt. Das macht für eine Tasse Tee zwischen 50 und 70 Milligramm Coffein aus. Das Coffein des Tees wirkt übrigens vollkommen anders als das vom Kaffee, da es an die Gerbstoffe gebunden ist und wesentlich langsamer vom Körper aufgenommen wird. Die belebende Wirkung hält länger an und zielt vorwiegend auf das zentrale Nervensystem und nicht auf

Herz und Kreislauf. Darüber hinaus wirken die Gerbstoffe, besonders die Tannine, beruhigend auf Magen und Darm, was bei empfindlichen Menschen oder bei Magen-Darm-Erkrankungen zur Empfehlung führt, anstelle von Kaffee lieber zur Tasse Tee zu greifen.

Schwarzer Tee
(für 1 große Tasse)

> ca. 1 TL schwarzer Tee
> ca. 200 ml Wasser

Tee mit kochendem Wasser übergießen und ziehen lassen. Ziehzeit je nach erwünschter Wirkung (siehe *unten*). Für einen Liter nehmen Sie fünf bis sechs Teelöffel schwarzen Tee.

Tip für Genießer: Hartes oder chlorhaltiges Wasser kann den Geschmack beeinträchtigen, in solchen Fällen das Wasser zwei bis drei Minuten kochen lassen.

Die zwei Gesichter des Tees

Durch die Dauer der Ziehzeit kann Einfluß auf die Wirkungen des Tees genommen werden: Nach einer kurzen Ziehzeit von zwei bis drei Minuten geht hauptsächlich Coffein in den Aufguß über, während nur wenige Gerbstoffe enthalten sind. Der Aufguß wirkt anregend. Eine längere Ziehzeit von vier bis fünf Minuten löst vermehrt die Gerbstoffe aus und hat einen eher beruhigenden Effekt. Noch längeres Ziehen macht den Tee durch hohe Gerbstoffanteile sehr herb und bitter.

Grüner Tee

Besonders im ostasiatischen Raum wird grüner Tee getrunken, der nicht fermentiert, also chemisch unverändert und wesentlich gehaltvoller als schwarzer Tee ist. Die Teeblätter werden vor dem Trocknen mit heißem Dampf behandelt, was eine Fermentation verhindert und den Blättern ihre grüne Farbe läßt. Der grüne Tee besitzt mehr Gerbstoffe als der schwarze, das macht ihn einerseits gesünder, aber geschmacklich auch etwas herber. Nachdem seine vielfältigen gesundheitlichen Wirkungen auch von wissenschaftlicher Seite bestätigt werden, entwickelt er sich bei uns langsam zu einem wahren Kultgetränk, und das zu Recht.

Grüner Tee und die Gesundheit
Grüner Tee verringert das Krebsrisiko, so lautete das Fazit, das das Deutsche Krebsforschungszentrum in Heidelberg nach der Analyse internationaler Berichte im Sommer 1998 verkündete. Die Art und Weise, wie das geschieht, galt allerdings noch als rätselhaft. Kürzlich ist es einem Wissenschaftlerteam der Medizinischen Poliklinik Bonn in Zusammenarbeit mit koreanischen Kollegen gelungen, zu erklären, warum grüner Tee so effektiv vor Krebs schützt. Sogar der dafür verantwortliche Hauptwirkstoff wurde isoliert. Es ist eine Substanz mit Namen Epigallocatechin-3-Gallat, abgekürzt EGCG. Laut Prof. Agapios Sachinidis verhindert EGCG,

daß sich Tumoren, die sehr viele Nährstoffe brauchen, eigene Adern zur Versorgung bilden. Dies ist nur noch ein zusätzlicher Beleg dafür, daß grüner Tee nachweislich eine medizinische Wirkung besitzt. Darüber hinaus soll er auch noch generell das Immunsystem stärken. Und dies waren zwar gute, aber noch nicht alle Gründe für die Hobbythek, in China ein eigenes Teeprojekt anzuregen.

Das Teeprojekt der Hobbythek

In den Hügeln rund um Hangzhou wachsen die besten Teequalitäten Chinas, besonders hervorragende Sorten sind z. B. Lung Ching und Lung Ding. Die besseren Qualitäten dieser beiden Sorten werden noch von Hand gepflückt, doch sind bei der Größe des Anbaugebietes die Erntemengen bereits so groß, daß eine manuelle Weiterverarbeitung nur noch in wenigen Fällen lohnend ist. Es sind zumeist kleine Erzeugergenossenschaften, in denen dies geschieht. Da die Tee-Ernte und die Verarbeitung nicht gleichmäßig über das ganze Jahr verteilt stattfindet, werden hierfür sehr viele Saisonarbeitskräfte beschäftigt. Den Bauern der Region, in der die Sorten Lung Ching und Lung Ding gedeihen, und den dort beschäftigten Arbeitern geht es mittlerweile vergleichsweise gut. Doch manche Teeregionen sind so abgelegen, daß die Bauern trotz dort angebauter Spitzentees kaum ihr Dasein fristen können. Als unsere Kollegin Monika

Kirschner bei ihren Recherchen in China davon erfuhr, haben wir sofort ein ähnliches Patenschaftsprojekt, wie es bereits in Honduras für Cashewnüsse oder Venezuela für Niemprodukte existiert, angeregt. Das Anbaugebiet liegt 70 Kilometer oberhalb Hangzhous am Quiantang-Fluß. Das Dorf heißt wie der Tee: Anding Yunwu.

Der Tee wird direkt im Dorf weiterverarbeitet, auch das Abwiegen und Verpacken erfolgt im Dorf, so daß weitere Arbeitsplätze geschaffen werden. Ziel ist wie immer die Hilfe zur Selbsthilfe: Die Bauern sollen einen fairen Preis für ihre Arbeit erhalten. In Zukunft können sie ihren Tee direkt nach Deutschland verkaufen. So erhalten sie einen viel höheren Preis dafür. Durch den direkten Import wird es zudem auch möglich sein, den deutschen Genießern die absoluten Spitzenqualitäten zugänglich zu machen, die sonst wegen ihrer geringen Menge gar nicht erst exportiert wurden. Ein weiteres wichtiges Argument wollen wir nicht vergessen: Neben der Hilfe zur Selbsthilfe wollten wir unbedingt auch Tee aus pestizidfreiem Anbau garantieren, denn was nützen alle positiven Inhaltsstoffe, wenn giftige Rückstände alles wieder zunichte machen!

Grüner Tee
(für 1 Liter)

| 3–5 TL grüner Tee |
| ca. 1 l Wasser |

Das Wasser kurz aufkochen und eine halbe Tasse (ca. 100 Milliliter) kaltes Wasser zugeben, denn der grüne Tee darf nicht mit kochendem Wasser aufgegossen werden, weil es das Aroma zerstört und den Tee bitter macht. Das Wasser sollte also immer auf ca. 80 °C abgekühlt sein. Anschließend ca. drei Minuten ziehen lassen. Grüner Tee kann bis zu viermal aufgegossen werden und gibt dann immer noch positive Wirkstoffe frei. Mehr zum grünen Tee finden Sie in unserem Hobbythekbuch „Lebenselixiere aus Fernost".

Wer seiner Gesundheit etwas Gutes tun will, aber wegen des ungewohnt strengen Geschmacks des grünen Tees noch hadert, dem sei das Aromatisieren des Tees ans Herz gelegt.

Aromatisieren von Tees

Natürlich finden Sie in jedem Teegeschäft ein vielfältiges Angebot an aromatisierten Tees. Allerdings dient hier häufig ein Tee von nur mittelmäßiger Qualität als Grundlage, so daß wir Ih-

Abb. 18:
Anding Yunwu – Wolken- und Nebeltee ist ein grüner Tee und stammt aus dem kleinen Bergdorf Anding in der Provinz Zhejiang im Süden Chinas. Seinen Namen verdankt er der Tatsache, daß in Anding der Morgennebel erst am Mittag von der Sonne abgelöst wird. So wächst der Tee unter speziellen Bedingungen heran, die zu seinem milden, frischen Aroma beitragen.

*Abb. 19:   Ungeschwefelte Trocken-
früchte geben dem grünen Tee eine
fruchtig-frische Note.*

nen folgende Anregung geben möchten: Kaufen Sie sich einen qualitativ
hochwertigen Tee und wenn Sie Lust
darauf haben, dann aromatisieren Sie
ihn doch einfach selbst! Ungeschwefelte Trockenfrüchte, aber auch ätherische
Öle sind eine feine Sache.

Grüner Tee mit Trockenfrüchten
(für 1 Liter)

3	getr. Apfelringe
2	getr. Pflaumen
evtl. 1 kl. Scheibe	frischer Ingwer
1 l	Wasser
3–5 TL	grüner Tee

Apfelringe und Pflaumen in Stücke
schneiden und mit der Ingwerscheibe
im Wasser aufkochen. Wasser auf 80°C
abkühlen lassen, durch ein Sieb auf den
grünen Tee geben. Ca. drei Minuten
ziehen lassen.

Grüner Tee mit ätherischem Öl
(für 1 Liter)

1 l	Wasser
3–5 TL	grüner Tee
3–4 Tr.	ätherisches Öl, z.B. Orange

Wasser zum Kochen bringen und auf
80°C abkühlen lassen. Grünen Tee mit
dem ätherischen Öl beträufeln und mit
Wasser aufschütten. Ca. drei Minuten
ziehen lassen.
Tip: Mit Bergamotteöl läßt sich sogar
ein grüner Earl-Grey-Tee herstellen: Einfach ein Papiertaschentuch mit einigen
Tropfen des ätherischen Öls beträufeln
und in ein verschließbares Gefäß, z.B.
ein Marmeladenglas, geben, Tee dazu
und einige Tage durchziehen lassen.

Pu-Erh-Tee – Fett-killer aus China?

Seit kurzer Zeit macht ein ebenfalls aus
China stammender Tee Furore: der Pu-
Erh-Tee. Als die „Wunderwaffe gegen
Fett" oder auch als „Abspecker" gepriesen, erobert er derzeit den deutschen Teemarkt.
Zur Unterscheidung vom schwarzen
und grünen Tee wird er gerne als „roter" Tee bezeichnet. Hierzulande ist er
zwar eine Neuentdeckung, doch handelt es sich beim Pu-Erh-Tee um eine
der ältesten Teesorten überhaupt. Die
ganze Tradition des Teetrinkens ist aufs
engste mit seiner Geschichte verknüpft,

so daß eine einseitige Betonung auf die
angeblich schlankmachenden Wirkungen diesem Tee nicht gerecht wird.

Bereits seit knapp zwei Jahrtausen-
den wird der Pu-Erh-Tee in seinem Heimatland China gewonnen. Der
Name Pu-Erh geht auf die gleichnamige
Stadt in Xishuangbanna zurück, einer
Präfektur in Yunnan und das vorherr-
schende Anbaugebiet des Pu-Erh. Die
Provinz Yunnan liegt im Südwesten
Chinas und wird auch die „Provinz des
ewigen Frühlings" genannt. Den Über-
lieferungen zufolge liegt hier der wahre
Geburtsort der Teekultur, was dem ein-
zigartigen Klima zu verdanken ist, das
für hochwertige Teesorten bürgt. Die
Region Xishuangbanna umfaßt das Gebiet der „Sechs Teeberge", in denen bis
zu 1700 Jahre alte Teebäume stehen,
die auch heute noch wertvollen Tee liefern. Aus der Region um die „Sechs
Teeberge" soll sich zu Zeiten der Tang-
Dynastie (618–907) das Wissen um die
wohltuenden Wirkungen des Pu-Erh-
Tees verbreitet haben. Dies führte zu einer wirtschaftlichen Blüte der gesamten
Gegend, und das Ansehen des Tees
wurde schließlich so groß, daß er –
meist in kleine runde Kuchen gepreßt –
Tributstatus erlangte und zum Beglei-
chen der Steuern diente. Allerdings
wurde dies dem Pu-Erh-Tee auch zum
Verhängnis – immer höhere Steuern
ließen die Teeproduktion in der Qing-
Dynastie (um 1735) schließlich ganz zu-
sammenbrechen.
Die wenigen Bäume, die blieben, reich-
ten schon zu Beginn des Jahrhunderts

Abb. 20: Durch die Kultivierungsaktion der chinesischen Regierung entstand ein Pu-Erh-Teestrauch mit besonders dicken Blättern.

nicht mehr für die moderne Massenproduktion aus. So geriet der Pu-Erh-Tee durch die starke Konkurrenz des schwarzen und grünen Tees allmählich in Vergessenheit. Doch der einmalige genetische Pool der nahezu urzeitlichen Teebäume veranlaßte die chinesische Regierung Anfang der 60er Jahre zu einer umfangreichen Kultivierungsaktion, aus der schließlich die Grundpflanze für den modernen Pu-Erh-Tee hervorging, ein Teestrauch mit besonders breiten, dicken Blättern.

Der botanische Name der Pflanze lautet *Camellia sinensis*, es ist also die gleiche Pflanzenart, aus deren Blättern auch der grüne und der schwarze Tee gewonnen werden. Doch es gibt einen entscheidenden Unterschied: Pu-Erh-Tee zeichnet sich durch eine eigene Art der Fermentierung aus, die dem Tee sein außergewöhnliches Aroma und seine spezielle Farbe verleiht. Zunächst wird er behandelt wie grüner Tee (siehe *Seite 53*), anschließend allerdings bei hoher Luftfeuchtigkeit gelagert. Während dieser Zeit fermentiert der Tee nach und entwickelt seinen besonderen Charakter. Die Dauer dieser „Postfermentation" kann unterschiedlich lang sein, Standardqualitäten lagern auf diese Weise zwischen drei bis sechs Monaten, etwas teurere Qualitäten auch schon einmal fünf bis zehn Jahre. Doch solche Tees finden selten den Weg zu uns, da sie für den europäischen Geschmack doch etwas zu streng sind. Es gibt den Pu-Erh-Tee in insgesamt zehn Qualitätsstufen, wobei die Dauer der Lagerung nur ein Kriterium für die Einteilung ist.

Der aufgeschüttete Tee ist dunkelrötlich und entfaltet ein ungewöhnlich erdiges Aroma, das für manchen zunächst gewöhnungsbedürftig ist. Viele Menschen schätzen ihn aber gerade wegen seines unverwechselbaren Geschmacks, z. B. als die gesündere Alternative zum Kaffee.
Für die Chinesen gilt Pu-Erh-Tee als Gesundheitselixier bei vielerlei Beschwer-

den. Demnach soll er den Stoffwechsel anregen, den Körper entgiften, cholesterinsenkend wirken und sogar schlank machen. Letzteres hat den Pu-Erh-Tee bei uns nicht nur in sensationeller Geschwindigkeit bekannt gemacht, sondern ihn auch stark ins Gerede gebracht. Nach den ersten kritischen Meldungen der Verbraucherzentralen beauftragte das Magazin PlusMinus den Lebensmittelchemiker Dr. Walter Vösgen mit der Untersuchung von fünf Pu-Erh-Teesorten. Dabei stellte er keine nennenswerten Unterschiede zum schwarzem Tee fest. Somit fehlt die wissenschaftliche Grundlage für eine „schlankmachende Wirkung".

Von diesem Tee dürfen also keine Diätwunder erwartet werden, allein durch Teetrinken und Abwarten schmilzt eben kein Fett. Der erste Schritt muß auch hier eine Umstellung der Ernährung sein. Doch kann der Pu-Erh-Tee eine Diät sicher sinnvoll unterstützen, indem er durch die höhere Flüssigkeitsaufnahme den vorzeitigen Appetit nimmt.

Vorsicht: Wie kürzlich u. a. die Zeitschrift Ökotest (06/99) veröffentlichte, kommen beim Anbau von Pu-Erh-Tee auch Pflanzenschutzmittel zum Einsatz. Das ist leider für Tee nichts Ungewöhnliches! Achten Sie also beim Kauf besonders darauf, daß der Tee aus pestizidfreiem Anbau stammt bzw. streng auf Pestizide kontrolliert worden ist. Wir werden dafür sorgen, daß Sie solchen Tee in den im Bezugsquellenverzeichnis aufgeführten Läden erhalten.

Abb. 21: Pu-Erh-Tee wird nicht nur lose, sondern auch in kleine runde Kuchen gepreßt, sogenannte Touchas, verkauft.

Pu-Erh-Tee
(für 1 Liter)

2–3 TL	Pu-Erh-Tee
1 l	kochendes Wasser

Der Pu-Erh-Tee wird mit kochendem Wasser aufgegossen. Je nach Geschmack drei bis fünf Minuten ziehen lassen. Der Teesatz kann auch noch ein zweites Mal aufgegossen werden.

Der Geschmack des Pu-Erh-Tees reizt zu ungewöhnlichen Kombinationen. Wer es gerne scharf und würzig mag, der sollte einmal eine Tasse Pu-Erh-Tee mit frisch gemahlenem schwarzen Pfeffer probieren. Das klingt zwar äußerst ungewöhnlich, harmoniert aber ausgezeichnet mit dem erdigen Aroma des Pu-Erhs. So wird er übrigens auch in seiner Heimat geschätzt.

Pu-Erh-Tee „Pepper"
(für 4 Tassen)

1–2 TL	Pu-Erh-Tee
	frisch gemahlener schwarzer Pfeffer
3	Kardamomkapseln
500 ml	kochendes Wasser

Pu-Erh-Tee, Pfeffer und Kardamom mit dem kochenden Wasser übergießen und fünf Minuten ziehen lassen, absieben und auf die Tassen verteilen.

Sehr viel milder, aber ebenso ausgefallen ist unsere Pu-Erh-Tee-Variante „Yunnan" mit weihnachtlichen Gewürzen und einem Hauch Vanille.

Pu-Erh-Tee „Yunnan"
(für 1 große Tasse)

ca. 200 ml	Pu-Erh-Tee (siehe *links*)
2 EL	Milch
1 EL	Frusip's Vanille Kardamompulver, Zimtpulver

Pu-Erh-Tee mit Milch und Frusip's verrühren. Mit Kardamom und Zimt würzen und servieren.

„Pu der Bär-Grog"
(für 1 große Tasse)

ca. 200 ml	Pu-Erh-Tee (siehe *links*)
1 TL	Frusip's Erdbeere
2	Erdbeeren, kleingeschnitten
1 Schuß	Rum
	Honig nach Geschmack

Pu-Erh-Tee mit Frusip's verrühren. Eventuell Erdbeeren und Rum hinzufügen. Mit Honig süßen und servieren.

Pu-Erh-Tee „Morgenröte"
(für 1 große Tasse)

ca. 200 ml	Pu-Erh-Tee (siehe *Seite 57*)
1–2	kandierte Ingwerstückchen

Ingwerstückchen kleinschneiden und in den Pu-Erh-Tee geben. Nach Bedarf süßen und servieren.

Matetee – das grüne Gold der Indios

Aus einem Kontinent im entgegengesetzten Teil der Erde, nämlich aus Südamerika, kommt der Matetee zu uns, der aus den Blättern des immergrünen Matebaumes (*Ilex paraguariensis*) gewonnen wird. Schon lange vor der Eroberung durch spanische Konquistadoren waren die Blätter dieses Baumes in weiten Teilen Südamerikas ein begehrtes Gut. Von Uruguay bis Paraguay, in Nordargentinien und Südbrasilien schätzten einheimische Indios die stimulierenden Wirkungen des aufgebrühten Tees, und gelegentlich wurden sogar die ganzen Blätter als Gemüse zubereitet und verzehrt. In einigen kargen Hochlandebenen, z.B. in der Region Puna in Nordargentinien, spielt der Matetee noch heute eine wichtige Rolle als Vitamin- und Mineralstofflieferant.

Matetee enthält auch anregendes Coffein, allerdings in geringeren Mengen als Kaffee oder schwarzer Tee. Wie beim grünen Tee ist außerdem die Hälfte des Coffeins an Gerbstoffe gebunden und wird im Magen sehr viel langsamer freigesetzt. Die Wirkung des Mate ist eher mild anregend als aufputschend und hält auch länger an als beim Kaffee. Des weiteren enthält Matetee eine ganze Reihe von Mineralstoffen, besonders Magnesium, Mangan und Kalium, sowie Vitamin A, B_1, B_2, C und andere wasserlösliche Vitamine.

Das Aroma des Tees wird stark durch die spezielle Behandlung, die die Mateblätter nach dem Pflücken erfahren, geprägt: Die Blätter werden in einer Trommel über einem Holzfeuer hoch erhitzt, was dazu führt, daß die Enzyme, die bei anderen Tees für die Fermentation verantwortlich sind, zerstört werden. Im Fachjargon nennt sich dieser Prozeß „Zapekieren". Er hat unter anderem den Vorteil, daß die Mateblätter ihre grüne Farbe behalten. Danach werden die Blätter in einem mehrstufigen Verfahren getrocknet und nach einer gewissen Reifezeit zerkleinert und verpackt. In Südamerika wird dieser grüne, naturbelassene Mate bevorzugt, während in Europa zusätzlich auch die geröstete Sorte – der braune Mate – angeboten wird. Zur Herstellung des braunen Matetees werden die getrockneten grünen Blätter vor dem Zerkleinern noch einmal geröstet, was ihnen das typische Röstaroma verleiht. Beide Matesorten werden in gleicher Art und Weise zubereitet:

Abb. 22:   Matetee genießen wie die Gauchos – mit Cuia und Bombilla.

Matetee
(für 1 große Tasse)

1 TL	Mateblätter
200 ml	heißes, nicht mehr sprudelnd kochendes Wasser

Mateblätter mit heißem Wasser übergießen und nach fünf bis zehn Minuten absieben. Für einen Liter Tee benötigen Sie zwei bis drei Eßlöffel Matetee, doch ist es besser, nur eine Tasse Tee aufzugießen, da Mate schnell seine attraktive grüne Farbe verliert. Der Mate-Teesatz sollte aufbewahrt werden, da die Blätter auch nach zwei- bis dreimaligem Aufschütten noch einen aromatischen Tee liefern.

Genau wie beim Tee kann die Wirkung des Mate durch die Dauer des Aufbrühens beeinflußt werden. Kurzes Ziehenlassen erzielt einen angenehmen Geschmack und eine stark anregende Wirkung. Das Coffein aus den Blättern geht nämlich sehr viel schneller in Lösung als die Gerbstoffe. Ein länger gezogener Aufguß erzielt eine weniger belebende Wirkung, da sich das Coffein mit den dann ebenfalls im Tee gelösten Gerbstoffen verbinden kann. Durch den höheren Gehalt an Gerbstoffen schmeckt der Tee außerdem strenger.

Genießen wie die Gauchos

So wie die Gauchos den Matetee am Lagerfeuer tranken und auch heute noch trinken, genießen die Südamerikaner ihn am liebsten in geselliger Runde. Nach althergebrachter Tradition wird der Tee in der Cuia aufgegossen. So heißt das birnenförmige Trinkgefäß, das aus einer Kalebasse, dem südamerikanischen Flaschenkürbis, hergestellt wird. Mit der Bombilla, einem speziellen Trinkhalm aus Metall, der am unteren Ende einen Siebaufsatz trägt, kann der Tee ohne lästige Blatteinlagen angesogen werden. Der Becher kreist von einem zum nächsten, zwischendurch wird er jedesmal wieder mit heißem Wasser aufgefüllt. Obwohl dem Tee selbst anregende Wirkungen nachgesagt werden, treten durch diese Zeremonie nicht selten Ruhe und eigentümliche Besinnlichkeit in die Runde ein. Die hübschen, häufig mit dunklen Ver-

zierungen geschmückten Cuias gibt es auch bei uns in ausgesuchten Teeläden zu kaufen. Für Mate-Fans und solche, die es werden wollen, ist die Anschaffung eines solchen Bechers garantiert lohnend.

Zubereitung

Die Cuia zur Hälfte bis Zweidrittel mit den Mateblättern füllen. Mit einer Hand die Öffnung der Cuia verschließen und um 90 Grad auf die Seite kippen, kurz schütteln. Anschließend vorsichtig wieder aufrichten und darauf achten, daß der Tee nicht aus der schiefen Lage zurückrutscht. In die leere Hälfte langsam wenig Wasser schütten und den Tee ca. drei Minuten quellen lassen. Die Bombilla, den Trinkhalm, mit dem Daumen zuhalten und durch das Wasser in Richtung Gefäßboden schieben. Dann heißes Wasser langsam an der Bombilla entlang bis zum Mateblätterrand einfüllen und genießen.

In der südamerikanischen Volksmedizin gilt der Mate als belebendes und entschlackendes Getränk, also ein ideales Mittel gegen Müdigkeit und Schlappheit, wie sie besonders im Frühjahr auftreten. Matetee wird aber auch hierzulande wegen seiner anregenden Wirkungen geschätzt. Seit Jahren gehört er zum Standardsortiment der Teeläden und ist aufgrund seiner harntreibenden Eigenschaften auch Bestandteil von verschiedenen Arzneitees, so enthalten Abführ-, Schlankheits- so-

wie auch Blasen- und Nierentees Matebestandteile. Seine leicht abführenden Wirkungen verdankt er übrigens den Saponinen, das sind jene Inhaltsstoffe, die ihn beim Aufschütten auch leicht aufschäumen lassen.

Matetee wird nicht nur heiß, sondern auch kalt getrunken. Zwei besonders leckere Rezepte auf der Grundlage von kaltem Matetee haben wir für Sie kreiert.

Mint-Mate
(für 4 Gläser)

1 l	kalter Matetee, geröstet (siehe *Seite 58*)
	Saft von 1 Zitrone
1–2 EL	Frusip's Minze oder einige frische Minzeblättchen
1 Handvoll	Eiswürfel
1	Zitrone, unbehandelt

Matetee mit Zitronensaft und Frusip's bzw. frischer Minze verrühren. Die Eiswürfel in eine Kanne geben und den aromatisierten Tee daraufgießen. Unbehandelte Zitrone in Scheiben schneiden und mit ins Getränk geben.

To-Mate
(für 4 Gläser)

6	Frühlingszwiebeln
700 g	Tomaten
500 ml	kalter Matetee, grün (siehe *Seite 58*)
einige Spritzer	Tabasco
	Salz
	schwarzer Pfeffer

Frühlingszwiebeln putzen, vier beiseite legen und die restlichen zwei in feine Ringe schneiden und anschließend fein hacken. Tomaten achteln und in der Pfanne andünsten, die gehackten Frühlingszwiebeln zugeben und ca. 15 Minuten weiterdünsten. Alles durch ein Sieb passieren und erkalten lassen. Mit kaltem Mate aufgießen und würzen. Auf vier hohe Gläser verteilen. Die restlichen Frühlingszwiebelstangen kürzen und jedes Glas mit einer Stange garnieren. *Tip:* Wenn es schnell gehen soll, können Sie die Tomaten durch einen halben Liter fertigen Tomatensaft ersetzen.

Lapacho – wiederentdeckter Schatz der Inkas

Ebenfalls auf dem südamerikanischen Kontinent, in den nördlichen Regenwäldern Südamerikas, wächst ein Baum mit dem botanischen Namen *Tabebuia avellanedae*, dessen Heilkräfte schon bei den Inkas berühmt waren. Es ist der Lapacho, ein hochwachsender Laubbaum mit prächtig lila-roten Blüten. Allerdings zählen weder die Blätter noch die Blüten zu den begehrten Rohstoffen der Pflanze, die wirksamen Substanzen stecken vielmehr in der roten inneren Rinde des Stammes, die sich hinter einer unscheinbaren grauen Außenrinde verbirgt. Die Inkas bereiteten aus dieser Rinde wäßrige Auszüge und setzten sie erfolgreich bei den verschiedensten Erkrankungen ein.

Abb. 23:   Ein gesunder und erfrischender Drink: „To-Mate"

Obwohl ihr reicher Erfahrungsschatz auf die indianischen Nachfahren in Peru, Paraguay und Brasilien übergegangen ist, geriet der Lapachobaum in Vergessenheit. Erst vor ca. 40 Jahren besannen sich brasilianische Wissenschaftler und Ärzte wieder auf diesen Baum und setzten erste Forschungsarbeiten in Gang. Seitdem ist das Interesse am Lapacho auch in anderen Ländern stark gewachsen, so werden z. B. in US-amerikanischen Labors intensiv die Heilwirkungen und deren Ursachen erforscht. Inzwischen konnten einige erstaunliche Ergebnisse zusammengetragen werden. Das Trinken von Lapachotee hatte z. B. positive Einflüsse bei Infektionen mit dem Pilz *Candida albicans* und entzündlichen Hauterkrankungen. Andere Untersuchungen zeigen eine immunstimulierende Wirkung spezieller

Lapachoinhaltsstoffe. Die sogenannten Naphthochinone wirken aufbauend für ein schwaches Immunsystem und bringen die eigene Abwehr wieder auf Trab. Darüber hinaus konnte das National Cancer Institute sogar tumorhemmende Eigenschaften von Lapachoextrakten nachweisen. Auch andere Arbeiten lassen hoffen, daß Lapacho eines Tages vielleicht in der Krebsbehandlung eingesetzt werden könnte. Doch sollten diese Ergebnisse keineswegs Grundlage für irgendwelche haltlosen Versprechen sein, denn bisher sind sie noch nicht in klinischen Tests am Menschen bestätigt.

Der Tee besteht aus dünnen glatten Rindenfasern von bräunlicher Farbe, die süßlich nach Vanille duften. Verantwortlich dafür sind spezielle ätherische Öle wie Vanillin, Vanillinsäure und Anisaldehyd. Beim Aufgießen gehen diese Öle auch in das Getränk über und entfalten ein zartes, aber eindeutiges

Abb. 25: *Lapachotee wird aus der inneren Rinde des Baumes gewonnen.*

Vanillearoma. Sein feiner Geschmack macht Lapachotee auch für den wählerischen Gaumen zu einem besonderen Genuß.

Wir werden dafür sorgen, daß Sie diesen Tee in den im *Bezugsquellenverzeichnis* aufgeführten Läden erhalten. Lapachorinde ist auch in Apotheken, Reformhäusern und ausgesuchten Teegeschäften erhältlich. Die Preisunterschiede sind enorm, vergleichen Sie also beim Einkauf! Erkundigen Sie sich beim Händler aber unbedingt danach, wie der Tee gewonnen wird. Nicht selten werden gewissenlos ganze Bäume gefällt, um die Rinde zu ernten. Daß es auch anders geht, beweisen Händler, die ökologisches Bewußtsein zeigen und nur den Tee anbieten, der von lebenden Bäumen stammt, die lediglich geschält werden.

Lapachotee
(für 1 Liter)

1 geh. EL	Lapachorinde
1 l	Wasser

Abb. 24:   *Der Lapacho ist ein Laubbaum mit prächtigen lila-roten Blüten.*

Abb. 26: Die Lapachorinde ist sehr ergiebig. Schon ein Eßlöffel reicht für eine Kanne Tee.

Lapachorinde und Birnen mit kochendem Wasser aufgießen, fünf Minuten leicht köcheln und dann abgedeckt ca. 15 Minuten ziehen lassen. Absieben und den Tee in Tassen oder Gläser umfüllen. Mit einem Sahnehäubchen und etwas Kakaopulver dekorieren.
Der feine Vanillegeschmack des Lapacho eignet sich auch hervorragend für die Zubereitung von Gelees.

Lapachogelee
(für 4 Förmchen à 125 ml)

2 EL	Pulvergelatine vom Schwein
4 EL	Wasser
500 ml	Lapachotee (siehe *Seite 61*)
2 EL	Frusip's Guanabana
3 Tabl.	Lightsüß HT
1	Limette, unbehandelt

Gelatine in vier Eßlöffeln Wasser ca. fünf Minuten vorquellen lassen. Die gequollene Gelatine in den heißen Lapachotee geben und verrühren. Frusip's und Lightsüß hinzufügen, gut umrühren und anschließend in geeignete Förmchen, z. B. Dessertschälchen, gießen. Die Masse braucht zum Gelieren ca. drei Stunden, dafür zunächst erkalten lassen und dann in den Kühlschrank stellen. Anschließend jedes Förmchen kurz in heißes Wasser stellen, bis sich die gelierte Masse etwas vom Rand löst, und sofort auf

Wasser zum Kochen bringen und Lapacho einstreuen. Zunächst das Ganze ca. fünf Minuten köcheln lassen, dann abdecken und weitere 15 Minuten ziehen lassen. Absieben und genießen! Bitte servieren Sie den Tee nicht in Plastikgefäßen, das schadet dem guten Aroma.

„Lapachote"
(für 1 Liter)

1 geh. EL	Lapachorinde
2	Birnen, in Stückchen
1 l	Wasser
4 EL	geschlagene Sahne
	Kakaopulver

Dessertteller stürzen. Mit Limettenstreifen verzieren und als Dessert oder kleine Zwischenmahlzeit servieren.

Äußerliche Anwendung

Eine äußerliche Behandlung mit Lapacho kann bei langwierigen Hautkrankheiten wie Neurodermitis, Ekzemen und Allergien sowie bei Hautleiden durch Pilzinfektionen für Linderung sorgen bzw. sogar zu einem vollständigen Abheilen führen. Zur Behandlung der betroffenen Hautpartien stellen Sie zunächst einen kräftigen wäßrigen Auszug her und nutzen ihn als Sud für warme Umschläge oder Bäder.

Lapachosud
(für 1 Liter)

3 EL	Lapachorinde
1 l	Wasser

Wasser zum Kochen bringen und Lapacho einstreuen. Zunächst das Ganze ca. fünf Minuten weiter köcheln lassen, dann abdecken und weitere 15 Minuten ziehen lassen, absieben.
Der Sud kann sowohl für warme Umschläge, aber auch als Tauchbad verwendet werden. Für ein Ganzkörperbad geben Sie die dreifache Menge, also drei Liter Lapachosud, ins Badewasser.

Zum Einreiben, damit die strapazierte Haut nicht zusätzlich austrocknet, empfehlen wir eine schnell zubereitete Creme auf Cremaba-Basis. **Cremaba** ist eine fertig gemixte Basiscreme, die be-reits pur als Hautpflege, aber auch als Trägercreme für weitere Wirkstoffe verwendet werden kann. Cremaba ist ein Hobbythekprodukt, das Sie in den Hobbythekanbieterläden (siehe *Bezugsquellenverzeichnis*) erhalten. Da die Basiscreme nur schwach mit Alkohol konserviert ist, muß sie bei wäßrigen Zusätzen entweder innerhalb kurzer Zeit verbraucht oder besser mit einem Konservierungsmittel, z.B. Paraben K, haltbar gemacht werden.

Lapachohautcreme

100 ml	Cremaba
30–40 ml	kalter Lapachosud (siehe *links*)
20 Tr.	Paraben K

Den Lapachosud mit der Cremaba gut verrühren, anschließend Paraben K eintropfen und ebenfalls unterrühren. Die fertige Hautcreme kühl aufbewahren. Cremen Sie die betroffenen Hautpartien nach jeder Behandlung mit Sud gut ein, das schützt die Haut vor Austrocknung.

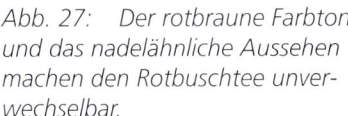

Rooibos – Südafrikas Nationalgetränk

Rooibos heißt ein Tee aus Südafrika, der seit einigen Jahren auch in Deutschland angeboten wird und langsam, aber sicher immer mehr Anhänger findet. Rooibos ist Afrikaans, manchem wird der Tee besser unter seinem deutschen Namen Rotbuschtee bekannt sein. Gelegentlich findet man ihn auch unter der Bezeichnung Massaitee, wobei dieser Name etwas irreführend ist, denn mit den Massai, die in Kenia und Tansania zu Hause sind, hat er nichts zu tun. Seine Heimat ist die westliche Küste von Südafrika.

Während die einheimische Bevölkerung früher die Blätter und Stengel von wildwachsenden Sträuchern sammelte, wird heute ein feldmäßiger Anbau betrieben, denn der weltweite Handel mit Rooibos floriert. Der Rotbuschstrauch gehört zur Familie der *Fabaceae*, wie z.B. der bei uns heimische Ginster. Er trägt schmale, rutenähnliche Zweige, und im südafrikanischen Frühling schmücken ihn gelbe, schmetterlingsähnliche Blüten.

Abb. 27: Der rotbraune Farbton und das nadelähnliche Aussehen machen den Rotbuschtee unverwechselbar.

Gegen Ende des Sommers beginnt die Ernte, dann werden 20 bis 50 Zentimeter lange beblätterte Zweigspitzen geschnitten. Die hellgrünen Blättchen sehen fast aus wie Rosmarinnadeln, sie sind kurz und dabei ganz schmal und länglich. Für die weitere Verarbeitung zum Tee werden sie maschinell in kleine Stückchen von einem halben Zentimeter Länge gehackt, mit Wasser vermengt und angequetscht. Anschließend schichtet man dünne Lagen dieser Mischung aufeinander und überläßt sie abgedeckt einer eintägigen Fermentation. Während dieser Zeit und in der anschließenden Trocknungsphase bilden sich die speziellen Aromastoffe, und die grüne Farbe weicht einem rotbraunen Farbton, der den Rotbuschtee zusammen mit seinem nadelähnlichem Aussehen unverwechselbar macht.

Rotbuschtee ist das ideale Getränk für die ganze Familie. Im Gegensatz zu Kaffee, schwarzem Tee oder Mate enthält er kein Coffein und weniger Gerbstoffe. Er ist sehr gut verträglich und liefert darüber hinaus Vitamin C sowie Mineralien wie Calcium, Magnesium, Kalium und Spurenelemente wie Eisen, Mangan und Fluor. Sein Geschmack ist frisch-fruchtig, und die warme rötlichbraune Farbe kommt besonders bei Kindern sehr gut an. Kalt getrunken ist er eine hervorragende Alternative zu stark gesüßten Limonaden oder Fruchtsaftgetränken. Er ist ein leckerer Durstlöscher und hat, wie andere Teegetränke übrigens auch, pur getrunken Null Kalorien. Bereiten Sie Ihren Kindern doch einmal einen „Draculasaft" (siehe *rechts*) zu, dafür lassen sie mit Sicherheit jede Limonade stehen! In Südafrika wird der Rotbuschtee übrigens auch Kleinkindern gerne als Milchersatz bei Magen- und Darmverstimmungen gegeben. Ansonsten gilt er in der Volksmedizin als wirksames Mittel gegen Schlaflosigkeit und Hautprobleme sowie Magen- und Darmleiden.

Rotbuschtee (Rooibos)
(für 1 Liter)

> 2–3 TL Rotbuschtee
> 1 l kochendes Wasser

Rotbuschtee mit dem kochenden Wasser übergießen, zwei bis drei Minuten ziehen lassen und absieben. Hierfür eignen sich am besten Teenetze oder ganz feine Teesiebe, da die Rotbuschnädelchen auch kleine Öffnungen passieren können. Der Teesatz sollte aufbewahrt werden, denn auch der zweite Aufguß schmeckt noch aromatisch.

Rotbusch„glühwein"
(für 4 Tassen)

> 2–3 TL Rotbuschtee
> 2 Gewürznelken
> 1 Zimtstange
> 2 Anissterne
> 500 ml kochendes Wasser
> 3 EL Fruchtsüße HT
> Saft von ½ Zitrone

Rotbuschtee, Nelken, Zimtstange und Anissterne mit dem kochenden Wasser aufbrühen und ca. drei Minuten ziehen lassen. Absieben, mit Fruchtsüße und Zitronensaft versetzen und umrühren.

„African South"
(für 1 Glas)

> 2 Orangen
> ½ Glas (ca. 100 ml) kalter Rotbuschtee (siehe *links*)
> 1 Schaschlikstäbchen

Die Orangen halbieren und drei Hälften auspressen. Die vierte Hälfte schälen und in Stückchen schneiden. Den Orangensaft mit Rotbuschtee aufgießen und gut umrühren. Die Orangenstückchen auf das Schaschlikstäbchen spießen und in das Glas stellen.

Draculasaft für Kinder
(für 1 Glas)

> 1 EL Frusip's Kirsche
> 1 EL Frusip's Vanille
> 1 Glas (ca. 200 ml) kalter Rotbuschtee (siehe *links*)
> 3 Scheiben Rote Bete, gekocht

Die beiden Frusip's in den Rotbuschtee einrühren. Als Dekoration aus der Roten Bete drei Fledermäuse ausschneiden und an den Glasrand hängen oder auf Schaschlikstäbchen spießen. (siehe Abb. 28 *Seite 65*).

Abb. 28: *Draculasaft für Kinder mit Fledermaus aus Roter Bete*

Frusip's in den Rotbuschtee rühren. Amaretto hinzufügen, umrühren und eventuell wie beim „Draculasaft für Kinder" (siehe Abb. 28) dekorieren.

Heimische Kräuter- und Früchtetees

Auch in Europa haben Tees aus den verschiedensten Pflanzen eine lange Tradition: die Kräuter- und Früchtetees. Sie gelten als ideale Getränke, denn sie versorgen den Körper mit notwendiger Flüssigkeit, enthalten kein Coffein, wirken kaum harntreibend und stillen optimal den Durst. Außerdem sind sie äußerst bekömmlich und schmackhaft. Zu den Kräutertees gehören vielerlei Sorten aus getrockneten Pflanzenblättern, -blüten oder auch -früchten. Die Auswahl ist enorm, neben den populären Sorten wie Pfefferminze, Kamille, Hagebutte oder Apfel gibt es zahlreiche weniger bekannte, z. B. Brombeerblätter, Malve oder das zitronige Verbenenkraut und viele andere mehr. Vor allem die phantasievollen Mischungen diverser Kräuter und Früchte sorgen für angenehme Abwechslung und ergeben vorzügliche aromatische Teegetränke.

Heißer Draculacocktail für Erwachsene
(für 1 große Tasse)

> 1 EL Frusip's Kirsche
> 1 EL Frusip's Vanille
> 1 Tasse (ca. 200 ml) heißer Rotbuschtee (siehe *Seite 64*)
> 1 EL Amaretto

Früchtetee
(für 1 große Tasse)

> 1–2 TL Früchtetee
> ca. 200 ml Wasser

Tee mit kurz aufgekochtem Wasser aufgießen und etwa fünf bis zehn Minuten ziehen lassen und absieben. Nach Geschmack süßen und mit Zitronensaft abrunden.

Am besten schmecken natürlich frisch geerntete Kräuter, sie entfalten das beste Aroma und enthalten die meisten Wirkstoffe. Pfefferminze, Fenchel oder Zitronenmelisse lassen sich z. B. im eigenen Garten oder auf der Fensterbank anbauen. Lindenblüten, Brennessel, Hagebutte oder Kamille können in unbelasteter Natur auch selbst gesammelt werden.

Im Winter spenden heiße Kräutertees seit jeher wohlige Wärme, doch inzwischen erobern sie als erfrischende Eistees auch die heiße Jahreszeit. Bei Eistee handelt es sich keineswegs um abgestandenen, kalt gewordenen Tee, sondern er wird auf spezielle Weise frisch zubereitet. Statt der normalen Menge für eine Tasse Kräutertee nimmt man die zwei- bis dreifache Menge und gießt mit kochendem Wasser auf. Je nach Sorte ca. fünf bis zehn Minuten ziehen lassen und abseihen. Das Ganze in ein Trinkglas schütten, das zu zwei Dritteln mit Eiswürfeln gefüllt ist. Nach Geschmack mit Zucker und Zitronensaft abschmecken.

Manche mögen's kalt

Zu bestimmten Tageszeiten, z. B. beim Frühstück oder am Nachmittag, steht den meisten von uns der Sinn nach einem warmen Getränk wie Kaffee oder Tee. Doch zwischendurch, besonders im Sommer, darf es auch gerne mal etwas

Spritzig-Sprudeliges oder Fruchtig-Süßes sein. Klares Sprudelwasser ist zwar der beste Durstlöscher, aber auf Dauer eben nicht gerade abwechslungsreich. Zahlreiche Kaltgetränke sind im Handel erhältlich, doch was steckt in der Verpackung?

Abb. 29: Zwischen Fruchtsaft, -nektar und -saftgetränk bestehen große Unterschiede.

„Saft" – was steckt drin

Viele Fruchtsäfte, v. a. Orangen-, Grapefruit- und schwarzer Johannisbeersaft, sind richtige Vitamin-C-Bomben, und allesamt sind sie gute Mineralstofflieferanten. Die hohen Kalium- und niedrigen Natriumgehalte kommen unserem Mineralstoffbedarf sehr entgegen, insbesondere natriumempfindliche Personen können davon profitieren.

Fruchtsaft

Nur wo die Bezeichnung Fruchtsaft ohne den Zusatz „...saft aus Konzentrat" draufsteht, können Sie sicher sein, daß es sich wirklich um den Saft frisch gepreßter Früchte handelt. Solche Fruchtsäfte sind jedoch äußerst selten, die meisten der im Handel angebotenen Säfte werden aus Konzentraten hergestellt. In Ausnahmefällen darf der Hersteller mit Zucker ein wenig nachsüßen, doch Konservierungsmittel und Farbstoffe sind nicht erlaubt.

Fruchtsaftkonzentrat

Bei Orangensaft und anderen Sorten ist es üblich, den Saft im Erzeugerland einzudampfen und als Konzentrat auf die Reise zu schicken, was immense Einsparungen bei den Transportkosten mit sich bringt. Im Verbraucherland wird dann mit Wasser wieder rückverdünnt, das Ganze nennt sich dann „Saft aus …konzentrat" und ist mit dem ursprünglichen Fruchtsaft nahezu identisch.

Fruchtnektar

Der erlesene Name Fruchtnektar hält leider nicht, was er verspricht. Fruchtnektar ist Fruchtsaft bzw. Fruchtmark, das mit Zuckerwasser verdünnt wird. Der vorgeschriebene Fruchtanteil liegt je nach Frucht zwischen 25 und 50 %. Der Zuckergehalt darf bis zu 20 % betragen. Das heißt mit anderen Worten, in einem Liter Nektar können 200 Gramm Zucker gelöst sein, das schlägt dann mit 800 Kalorien allein durch zugesetzten Zucker zu Buche. Meistens ist der Zuckergehalt allerdings geringer, so daß es sich kalorienmäßig nur wenig bemerkbar macht, ob Fruchtsaft oder -nektar getrunken wird, denn auch die Früchte selbst enthalten viel eigenen Zucker. Durch das Verdünnen mit Wasser reduziert sich allerdings der natürliche Mineralien- und Vitamingehalt des Fruchtsaftes.

Fruchtsaftgetränke

Fruchtsaftgetränke haben nur noch wenig mit der ursprünglichen Frucht gemein, zum Teil enthalten sie nur noch 6 % Saft, der Rest ist Wasser und Zucker. Für den guten Geschmack dürfen natürliche Aromen und Genußsäuren eingesetzt werden. Auch bei den Fruchtsaftgetränken bestimmt der Zuckerzusatz letztlich den Kaloriengehalt. Die Vitamingehalte sind nur noch unbedeutend, durch die starke Verdünnung sind sie auf der Strecke geblieben.

Limonaden & Co.

Limo

Limonaden sind Erfrischungsgetränke aus Trink-, Mineral-, Quell- oder Tafelwasser, die meist mit Kohlensäure versetzt sind. Sie enthalten nur noch einen geringen Fruchtgehalt, vorgeschrieben sind mindestens die Hälfte dessen, was das Fruchtsaftgetränk enthält, und werden mit Essenzen natürlicher Herkunft wie Aromen und Genußsäuren versetzt. Der Zuckeranteil beträgt mindestens 7 % und ist nach oben unbegrenzt.

Bei coffeinhaltigen Erfrischungsgetränken, also Colalimonaden, ist neben einem Coffeinanteil von 65 bis 250 Milligramm auch ein Zusatz von bis zu 70 Milligramm Phosphorsäure pro Liter erlaubt, die braune Farbe entsteht durch Zuckercouleur.
An dieser Stelle eine Anmerkung zu den Hauptkonsumenten dieser Getränke, den Kindern: Nicht nur wegen der vielen Kalorien, sondern auch wegen

der Auswirkungen stark zuckerhaltiger Getränke auf die Zahnentwicklung und -gesundheit (Karies) sollten sie tunlichst gemieden werden. Auch coffeinhaltige Getränke sind für Kinder ungeeignet. Die Alternative: Frusip's, Tees, z. B. Rotbuschtee oder daraus zubereitete Getränke (siehe *Seite 64 f.*), verdünnte Säfte oder Wasser.

Brause

Brausen sind kohlensäurehaltige Erfrischungsgetränke, bei denen der Zucker ganz oder teilweise durch Süßstoff ersetzt ist. Sie können mit künstlichen Essenzen aromatisiert und mit künstlichen Farbstoffen gefärbt werden.

Alle Erfrischungsgetränke wie Limonaden, Brausen, Fruchtsaftgetränke und Nektare haben, von den sogenannten „Light"-Produkten mal abgesehen, den großen Nachteil, daß sie erhebliche Kalorienträger sind. Besonders im Sommer, wenn viel getrunken wird, kommt auf diese Weise einiges an Kalorien zusammen. Das heißt aber nicht, daß beim Trinken Zurückhaltung geübt werden soll, denn für die Gesundheit ist das Trinken außerordentlich wichtig. Die Alternative muß heißen: „Trinken, aber richtig!"
Ein idealer Durstlöscher und eine preiswerte Alternative zu den meist übersüßen Erfrischungsgetränken aus dem Handel ist eine selbstgemachte Fruchtsaftschorle. Hierzu wird Fruchtsaft mit Sprudelwasser im Verhältnis 1:3 gemischt. Ein erfrischender, kalorienarmer Genuß, nicht nur für Kinder!

Der Kick aus der Dose – Energydrinks

Hinter so phantasievollen Namen wie „flying horse" oder „red bull" verstecken sich coffeinhaltige Erfrischungsgetränke, auf neudeutsch auch Energydrinks genannt. Für die kleinen Wundermittelchen aus der Dose wird mit verheißungsvollen Versprechen geworben: In Zeiten erhöhter Anstrengung sollen sie für gesteigerte Wachsamkeit und längere Ausdauer sorgen. Vielfach hat man schon versucht, hinter ihr Geheimnis zu kommen, doch konnte unter den Inhaltsstoffen bisher kein Zaubermittel ausfindig gemacht werden. Für die beschriebenen Wirkungen werden letztlich zwei Substanzen verantwortlich gemacht: Coffein und Zucker. Ein Viertelliter Getränk enthält 80 Milligramm Coffein, also eine Dosis, die ein bis zwei Tassen Kaffee gleichkommt, und der Zuckergehalt entspricht in etwa dem einer Limonade. Im Grunde genommen handelt es sich bei diesen Getränken also um kalten Kaffee, stark gesüßt.

Ein gelegentlicher Genuß ist für Erwachsene nicht schädlich, allerdings sollten gerade Jugendliche und Kinder, die durch den gummibärähnlichen Geschmack wohl als eigentliche Zielgruppe solcher Getränke anvisiert werden, die Finger davon lassen. Der hohe Preis sollte sowieso schon abschrecken, von dem Dosenmüll ganz zu schweigen! Im übrigen enthalten Energydrinks kaum Mineralstoffe und sind als Sportlergetränke ungeeignet, da sie die über das Schwitzen verlorengegangenen Mineralien nicht ersetzen.

Abb. 30: Sogenannte Energydrinks kann die Hobbythek nicht empfehlen.

Fitneß Schluck für Schluck? – Sportlergetränke

Diese Erfrischungsgetränke werden vorwiegend für Sportler angeboten und häufig als „isotone" Getränke bezeichnet, was nichts anderes heißt als „vom gleichen osmotischen Druck". Damit ist der Druck des Blutserums gemeint, denn am leichtesten kann durch Schwitzen verlorengegangenes Wasser durch eine Flüssigkeit von gleichem osmotischen Druck ersetzt werden.

So, wie die im Blutserum gelösten Substanzen den osmotischen Druck des Blutes bestimmen, wird der osmotische Druck von Flüssigkeiten bzw. Getränken generell durch die Menge an gelösten Teilchen bestimmt. Um die gewünschte Isotonie zu erreichen, werden diesen Getränken neben Mineralien wie Natrium, Kalium, Magnesium und Chlorid auch Zucker, Zitronensäure und Aromastoffe zugesetzt, so daß sie den Limonaden sehr ähnlich sind. Bedeutend preisgünstiger und genauso wirkungsvoll sind die bereits erwähnten Schorlen aus Fruchtsaft und Sprudelwasser (1:3), die die verlorene Flüssigkeit und Mineralstoffe liefern.

Im übrigen reicht bei einer Belastung von ein bis zwei Stunden der Ersatz des verlorengegangen Wassers, erst bei intensiveren Belastungen sind neben Wasser auch Kohlenhydrat- und Mineralstoffzusätze notwendig.

Hier ein schnelles Rezept für den Breitensportler:

Frusip's Mineral-Apfelschorle
(für 1 Glas)

1 TL	Frusip's Mineral
2 TL	Frusip's Apfel oder Apfel-Cranberry
200 ml	Wasser

Frusip's mit Wasser vermischen und nach dem Sport genießen.

„Biosprudel" – selbstgemacht

Seit jeher leisten Mikroorganismen den Menschen hilfreiche Dienste bei der Herstellung von Lebensmitteln und Getränken. Sauerkraut, Essig, Käse, Bier und Wein sind wohl die bekanntesten Beispiele für solche, auf mikrobielle Art erzeugten Produkte. Während für eine milchsaure Gärung z. B. Milchsäurebakterien eingesetzt werden, tun sich bei der Produktion alkoholischer Getränke besonders die Hefen hervor. Im Zuge der alkoholischen Gärung verbrauchen sie Zucker und produzieren den erwünschten Alkohol. Sozusagen nebenbei entsteht auch jede Menge Gas, genauer gesagt Kohlendioxid. Diese Eigenschaft der Hefen ist es auch, die man sich zunutze machen kann, um zu Hause „völlig biologisch" prickelnde Erfrischungsgetränke herzustellen.

Wasserkefir – Milchkefirs kleiner Bruder

Kefir ist hierzulande ein bestens bekanntes Milchprodukt, das in jedem Supermarkt gekauft oder auch selbst hergestellt werden kann. Das Ausgangsprodukt für diesen Kefir ist Milch, die mit einer Mischung aus Bakterien und Hefepilzen versetzt und anschließend vergoren wird. Die Hobbythek verfügt sogar über eine eigene Kefirkultur mit dem Namen KeFiDa, die besonders gesunde probiotische Milchsäurebakterien enthält. Näheres dazu finden Sie im Hobbythekbuch „Joghurt, Quark und Käse".

Nun hat der prominente Milchkefir noch einen Verwandten, der bei uns bislang wenig populär ist: der Wasserkefir. Die Kultur aus Bakterien und Hefen, die kleine weißlich-durchscheinende Knöllchen bildet, bevorzugt, wie der Name schon verrät, Wasser als Grundlage und produziert ein Getränk, das völlig zu Unrecht ein Dasein im Schatten des großen Bruders fristet. Sein Geschmack ist wunderbar aromatisch und angenehm süß-säuerlich. Dies und das sanfte Prickeln machen ihn zu einer köstlich leichten Erfrischung, besonders wenn er an heißen Tagen gut gekühlt serviert wird.

Je weiter man Richtung Osten kommt, um so bekannter ist der naturtrübe Gärtrunk. In Mittelasien und vor allem in Rußland besitzt der Wasserkefir eine lange Tradition. Sein Ursprung soll im Kaukasus liegen, wo er seit Jahrhunderten gehegt und gepflegt und von Generation zu Generation weitergegeben wird.

Die Menschen dort schätzen ihn übrigens nicht nur wegen seiner erfrischenden und durstlöschenden Eigenschaften, ihm werden darüber hinaus auch wertvolle gesundheitsfördernde Wirkungen nachgesagt. Die Liste der Erkrankungen, die der Wasserkefir angeblich bekämpfen hilft, ist lang. Sie reicht von Nervenkrankheiten über innere Geschwüre bis hin zu Hautekze-men. Wir möchten uns den Versprechungen allerdings nicht so ohne weiteres anschließen, denn zu oft liegen solchen Behauptungen zwar, historisch gesehen, gewisse Erfahrungswerte zugrunde, doch stehen fundierte wissenschaftliche Beweise hinsichtlich der Wirkungen weitgehend aus.

Fest steht allerdings, daß dieses Getränk eine wunderbar aromatische Abwechslung zu herkömmlichem Sprudelwasser darstellt. Und täglich getrunken, ist es durchaus möglich, daß der Wasserkefir einen Beitrag zu unserer Gesundheit leistet. Neben Mineralstoffen und Vitaminen versorgt er den Körper mit organischen Säuren, z. B. Milchsäure, der ein günstiger Einfluß auf die Darmflora nachgesagt wird, und nicht zuletzt mit den Milchsäurebakterien selbst. Die gesundheitsfördernden Effekte von vergorenen Milchprodukten sind inzwischen allgemein anerkannt und ihre positiven Wirkungen auf Immunsystem und Gesundheit werden gerade im Hinblick auf die probiotischen Keime zur Zeit verstärkt untersucht. Vielleicht können wir ja demnächst auch einen probiotischen Wasserkefir präsentieren!

Mit Glück finden Sie in Ihrem Bekanntenkreis jemand, der einen Wasserkefir besitzt und Ihnen etwas abgeben kann, oder einen, der jemanden kennt, der einen hat … Das ist zugegeben eine etwas umständliche Methode und nicht immer von Erfolg gekrönt. Für Menschen mit Internetanschluß ist das Ganze schon etwas einfacher. Hier wird

Abb. 31: *Wasserkefirkultur, Zitrone und Feige – fertig ist ein prickelnder Durstlöscher.*

Glas mit Wasser füllen, Zucker einrühren und Kefirknöllchen, Trockenfrucht und Zitrone zugeben. Bei Zimmerwärme 24 Stunden abgedeckt stehenlassen (Glas nicht fest verschließen, Deckel nur auflegen!). Noch einmal gut umrühren und mindestens weitere 24 Stunden bis maximal 48 Stunden stehenlassen. Der Kohlensäure- und auch der Alkoholgehalt steigen von Tag zu Tag. Das fertige Getränk über einem Sieb abgießen, die Zitrone hineinpressen und direkt genießen oder besser noch im Kühlschrank kalt werden lassen.

Im Umgang mit Mikroorganismen und Lebensmitteln ist immer eine besondere Hygiene vonnöten, deshalb sollten die Wasserkefirknöllchen vor jedem neuen Ansatz gründlich mit lauwarmem Wasser gespült werden und grundsätzlich nur saubere Gefäße und Gegenstände zum Einsatz kommen. Die gewaschene Kultur wird nach obiger Rezeptur wieder neu angesetzt. Die Knöllchen vermehren sich übrigens schnell, schon nach zwei bis drei Ansätzen hat sich die Menge meist verdoppelt. Die überschüssigen Knöllchen können ebenfalls angesetzt, verschenkt oder auch weggeworfen werden. Eine

vorübergehende Abwesenheit, z.B. im Urlaub, übersteht die Wasserkefirkultur am besten im Kühlschrank. Die Kultur mit Wasser bedecken, ca. einen Eßlöffel Zucker zufügen und abgedeckt, aber nicht luftdicht verschlossen, aufbewahren.

Eine Alternative zu den Wasserkefirknöllchen sind getrocknete Wasserkefirkulturen, die Sie in den Läden erhalten, die traditionell die Hobbythekzutaten führen (siehe *Bezugsquellenverzeichnis*). Die Mikroorganismen werden getrocknet und kommen als Pulver in den Verkauf, zu Hause müssen sie dann nur noch in Wasser eingerührt werden. Das Pulver besteht aus Milchsäurebakterien (*Lactobacillus caucasei*, *Streptococcus thermophilus*), Lactose und Dextrose sowie einer Hefekapsel.

Wasserkefir mit Trockenkultur
(für 1–1,5 Liter)

	1,5–2-l-Einmachglas mit Deckel
1	frische oder getrocknete Frucht, z.B. Orange, Zitrone, Dattel, Feige, Aprikose
1–1,5 l	Leitungswasser
40 g	(ca. 4 EL) Zucker
1	getr. Wasserkefirkultur 1,5-l-Gefäß mit fest verschließbarem Deckel

Wenn Sie frische Früchte verwenden, diese auspressen und nur den Saft verwenden oder Schale entfernen bzw.

die Suche unter dem Stichwort „Wasserkefir" u.a. mit Adreßlisten belohnt, in denen Personen aufgeführt sind, die sich bereit erklärt haben, von ihrer Kultur aus Wasserkefirknöllchen etwas abzugeben.

Wasserkefir mit Wasserkefirknöllchen
(für 1 Liter)

	1,5-l-Einmachglas mit Deckel
1 l	Leitungswasser
50–75 g	(ca. 5–7 EL) Zucker
3 EL	Wasserkefirknöllchen
1	Trockenfrucht (ungeschwefelt), z.B. Feige
½	Zitrone (ungespritzt; geschält oder gewaschen, z.B. mit GeO-Wash HT)

gründlich reinigen, z. B. mit GeO-Wash, dem Gemüse- und Obstwaschmittel der Hobbythek. Die Trockenfrüchte dürfen nicht konserviert bzw. geschwefelt sein. Einmachglas mit Wasser füllen und Zucker darin lösen. Wasserkefirpulver und Inhalt der Hefekapsel zunächst in wenig Wasser klumpenfrei auflösen und dann in das gezuckerte Wasser rühren. Anschließend Saft bzw. Trockenfrucht dazugeben. Deckel lose aufsetzen (nicht fest verschließen, Explosionsgefahr!). Alles bei Zimmertemperatur 48 Stunden stehenlassen. Nach dieser Reifezeit die fermentierte Flüssigkeit vorsichtig, bis auf einen Rest von ca. 200 Millilitern, in das zweite Gefäß abgießen und fest verschließen. Das Ganze 12 bis 24 Stunden zimmerwarm stehenlassen, anschließend weitere zwölf Stunden im Kühlschrank nachreifen lassen. Während dieser Zeit reichert sich das Getränk mit Kohlensäure an. Der Wasserkefir sollte weiterhin kühl stehen und innerhalb einer Woche verbraucht werden.

Die in der Restflüssigkeit verbliebenen Bakterien und Hefen können nun erneut angesetzt werden:

Neuer Ansatz

ca. 200 ml	fermentierte Restflüssigkeit
1–1,5 l	Leitungswasser
15 g	(ca. 1½ EL) Zucker Saft einer Frucht bzw. 1 Trockenfrucht

Die fermentierte Flüssigkeit mit Wasser, Zucker und Saft bzw. der Trockenfrucht versetzen und 24 Stunden abgedeckt reifen lassen. Die fertige Flüssigkeit bis auf einen Rest abgießen und luftdicht verschlossen ca. zwölf Stunden nachreifen lassen. Die Restflüssigkeit kann wiederum neu angesetzt werden, nach ca. 30 Ansätzen sollte allerdings ein neue Kultur verwendet werden.

Im Gärprozeß entstehen neben Milchsäure und Kohlensäure auch geringe Mengen Alkohol. Die Höhe des Alkoholgehaltes ist von mehreren Faktoren abhängig. Je höher der Zuckerzusatz und je länger die Ansatzzeit, um so mehr Alkohol wird gebildet. Zum Vergleich: Nach zwei Tagen Ansatzdauer beträgt der Alkoholgehalt 0,3 bis 2 Vol%, nach sieben bis zehn Tagen, also quasi nach einer überlangen Vergärung, kann er auf 5 Vol% ansteigen, das entspricht in etwa dem Alkoholgehalt in Bier. Sicherheitshalber sollte der Wasserkefir aus diesen Gründen für Autofahrer und besonders für Kinder tabu sein. Auch die Menge der Hefe in der Wasserkefirkultur hat Einfluß auf die Alkoholbildung, da sie aus dem zugesetzten Zucker den Alkohol bildet. Leider kann man einer Kefirknöllchenkultur nicht ansehen, wie hoch der Gehalt an Hefen tatsächlich ist. Sicherer sind da die Trockenkulturen, weil sie eine definierte Menge an Hefen enthalten. Hier ist mit ca. 0,5 – 1 Vol% Alkohol zu rechnen. Für Diabetiker ist der Wasserkefir nicht zu empfehlen, denn nach der relativ kurzen Vergärungsphase von zwei Tagen ist der Restzuckergehalt noch zu

hoch. Besser geeignet ist der Kombucha (siehe *Seite 75*), der mindestens acht bis zehn Tage gärt.

Der Wasserkefir kann natürlich pur getrunken werden, eignet sich aber auch hervorragend zum Aromatisieren mit den Frusip's der Hobbythek. Sehr fruchtig frisch schmeckt Wasserkefir mit Frusip's Himbeere, Kirsche, Mandarine oder Multivitamin. Besonders empfehlenswert ist die Kombination Wasserkefir und Frusip's Banane.

Wasserkefir-Frusip's
(für 1 Glas)

200 ml	Wasserkefir (siehe *Seite 70*)
1 TL	Frusip's 1:40, z. B. Himbeere, oder 2 TL Frusip's 1:20, z. B. Multivitamin

Wasserkefir mit Frusip's versetzen, umrühren, fertig!

Wasserkefir-Apfelschaum
(für 2 Gläser)

2	Äpfel, fein gerieben, oder 300 g Apfelmus
1 EL	Zitronensaft
400 ml	Wasserkefir (siehe *Seite 70*)
	Zimtpulver
evtl. 1–2 TL	Apfelsüße HT

Die fein geriebenen Äpfel oder Apfelmus mit dem Zitronensaft mischen. Wasserkefir zugeben und verquirlen, mit Zimt und Apfelsüße würzen. Vor

Abb. 32:   Wasserkefir-Frusip's

Abb. 33:   Wasserkefir-Kaltschale mit Fruchtinsel

dem Servieren einige Zeit in den Kühlschrank stellen.

Wasserkefir-Kaltschale mit Fruchtinsel
(für 4 Personen)

300 g	Waldbeeren (frisch oder TK)
3 EL	Fruchtsüße HT
2 TL	Konjacmehl HT
1 l	Wasserkefir (siehe *Seite 70*)

Frische oder aufgetaute Waldbeeren mit Fruchtsüße vermischen. Konjacmehl unter Rühren in den Wasserkefir streu-

en und verrühren. Auf Teller verteilen und in die Mitte jeweils drei Eßlöffel Beerenmischung geben.

Konjacmehl HT wird aus der Knolle der Konjacpflanze *Amorphophallus konjac* gewonnen, einer in Japan weit verbreiteten Pflanze, die auch als Teufelskralle bezeichnet wird. 100 Gramm Konjacmehl enthalten 12 kcal und rund 65 % Ballaststoffe, die alle löslich sind. Es ist extrem wasserbindend, völlig geschmacklos und eignet sich gut zum Andicken von Suppen und Gelees.

Wasserkefir-Ananas
(für 1 Person)

1	Babyananas
ca. 150 ml	Wasserkefir (siehe *Seite 70*)

Das grüne Büschel der Ananas als Deckel abschneiden und die Ananas aushöhlen. Das Fruchtfleisch würfeln. Ein bis zwei Eßlöffel der Ananasstückchen wieder in die hohle Ananas einfüllen und mit gekühltem Wasserkefir aufgießen. Strohhalm einstecken, Löffel bereitlegen und genießen. Die übrigen Fruchtstückchen für eine zweite Portion aufheben oder z. B. für einen Obstsalat verwenden.

Bei Wasser und Brot

Da wir wissen, daß viele Hobbythekfans auch wahre Freunde des Backens sind, haben wir hier noch einen Supertip: Backen Sie doch einmal Brot mit Wasserkefir, die fleißigen Wasserkefirorganismen ersetzen nämlich den üblichen Hefe- oder Sauerteigzusatz im Teig. Auf diese Weise können auch Wasserkefirreste sinnvoll verwertet werden, und mit geringem Aufwand werden Sie in Sachen „Wasser und Brot" zum Selbstversorger.

Die Hobbythek empfiehlt für das Backen mit Vollkornmehl zwei erprobte Zutaten, mit denen Brot und Brötchen besser gelingen:

Weizenkleber HT ist ein natürlicher Bestandteil des Weizenmehls, der bei der Gewinnung von Weizenstärke übrigbleibt. Mit Weizenkleberzusatz gehen Vollkornbrote besonders gut auf. Weizenkleber, der auch Gluten genannt wird, besteht überwiegend aus pflanzlichem Eiweiß in der Kombination der Aminosäuren Glutamin und Prolin.
Achtung: Menschen, die an Zöliakie leiden, dürfen kein Gluten essen, für alle anderen ist er aber ein ganz normaler Nahrungsmittelbestandteil.

Reinlecithin P ist reines Sojalecithin in Pulverform. Hiermit gelingen Brot und Brötchen wesentlich besser, besonders wenn mit Vollkornmehl gebacken wird.

Wasserkefir-Brot

400 g	Weizenvollkornmehl
2 EL	(40 g) Weizenkleber HT
½ TL	Reinlecithin P
1 TL	Jodsalz
400 ml	Wasserkefir (siehe *Seite 70*)
100 g	Weizenvollkornmehl
50–70 g	Körner, z. B. Sonnenblumenkerne oder Dreisamenmischung HT (Sesam, Flohsamen und Leinsamen)

400 Gramm Mehl, Weizenkleber, Reinlecithin P, Salz und Wasserkefir mit den Knethaken des Handrührers zu einer homogenen Masse verrühren und mit einem sauberen Tuch abgedeckt an einem warmen Ort mehrere Stunden, am besten über Nacht, gehen lassen. Dann weitere 100 Gramm Mehl dazugeben und mit den Händen zu einem elastischen Teig verkneten. Sollte der Teig noch zu feucht sein, weiteres Mehl in kleinen Mengen zufügen und einkneten, bis der Teig nicht mehr klebt. Backofen auf ganz kleiner Stufe vorheizen (ca. 40 °C), eine Backform ausfetten und den Brotteig hineingeben. Die Oberfläche mit ein wenig Wasser anfeuchten und mit den Körnern bestreuen. Natürlich können Sie die Körner auch in den Teig einkneten. Form in den Ofen geben, Ofen ausschalten und den Teig zwei Stunden gehen lassen. Dann den Backofen auf 180 °C stellen und das Brot ca. eine Stunde backen.

Kombucha – „Wundertee" aus Fernost

Der Kombucha ist ein uraltes Volksheilmittel aus dem ostasiatischen Raum, das über Rußland seinen Weg auch nach Europa gefunden hat. Bereits zu Beginn der 20er Jahre soll das Getränk hierzulande seine ersten Anhänger gehabt haben, als heimkehrende Kriegsgefangene gelegentlich eine Kombuchakultur mit nach Hause brachten. Der Name Kombucha steht sowohl für das fertige Gärgetränk als auch für die an der Vergärung beteiligte Kultur aus Hefen und Bakterien. Ihr fester Verbund in Zelluloseschichten, die oben auf der Ansatzflüssigkeit schwimmen, hat zu weiteren phantasievollen Bezeichnungen wie Teepilz, Wolgaqualle oder Wolgaschwamm geführt, unter denen der Kombucha auch bekannt ist. Der fremdklingende Name Kombucha geht übrigens auf zwei japanische Begriffe zurück: „kombu" ist der Name einer bestimmten Algenart, aus der ein Tee zubereitet werden kann, und „cha" ist ganz einfach die japanische Bezeichnung für Tee. Sehr wahrscheinlich hat also die Entwicklung der Kombuchakultur einst in einem solchen Algentee ihren Anfang genommen.

Auch heute noch bildet gezuckerter Tee die Nährlösung für die Hefen und Bakterien, die dem Tee nun ihrerseits „Leben" einhauchen und ein köstliches Erfrischungsgetränk entstehen lassen. Neben zahlreichen organischen Säuren wie z. B. Gluconsäure, Milch- und Essigsäure, die unter anderem für das fruchtig-frische, leicht säuerliche Aroma verantwortlich sind, sorgt das gebildete Kohlendioxid für ein leichtes Prickeln. Geschmacklich erinnert das Kombucha-Teegetränk etwas an Cidre, den moussierenden französischen Pendant zum hiesigen „Äppelwoi".

Doch das Interesse am Kombucha beruht bei weitem nicht nur auf seiner geschmacklichen Attraktivität. Wie bei allen alten Volks- und Heilmitteln üblich, ranken sich auch um ihn zahlreiche Geschichten über gesundheitliche Erfolge bei regelmäßigem Genuß. Er soll antibiotische und entgiftende Wirkung entfalten, bei Erkrankungen wie Rheuma, Gicht, Bluthochdruck und Magen-Darm-Beschwerden positiven Einfluß haben, ein geschwächtes Immunsystem stärken und Niedergeschlagenheit bekämpfen. Bei aller Skepsis, die Ernährungsexperten und Wissenschaftler dem Kombucha aufgrund fehlender exakter Studien entgegenbringen, konnten aber einige der vermeintlichen Wirkungen bestätigt werden. In Untersuchungen hat sich gezeigt, daß Kombucha Entzündungen entgegen wirkt und bei bakteriellen Magen-Darm-Erkrankungen hilfreich ist, außerdem soll Kombucha die körperliche Fitneß steigern. Auch positive Einflüsse auf ein schwaches Immunsystem konnten festgestellt werden. Man kann wirklich gespannt sein, was die

Zukunft in Sachen Kombuchaforschung noch offenbaren wird.
Mittlerweile bieten Naturkostläden und sogar Supermärkte bereits fertige Kombucha-Gärgetränke an. Doch dieser Genuß ist leider gar nicht billig, denn im Schnitt werden mindestens 8 DM pro Liter verlangt. Da lohnt sich das Selberansetzen, selbst wenn zunächst einmal eine teure Kombuchakultur erworben werden muß. Die Preise hierfür liegen um die 60 DM (Apotheke), das ist eine ziemlich hohe Summe, rechnet sich aber schnell, wenn man bedenkt, daß die Kultur sich bei guter Pflege ein ganzes Leben lang hält. Wir werden uns bemühen, Ihnen eine Kombuchakultur oder sogar eine kombuchaähnliche Kultur mit gesunden probiotischen Keimen in den Läden anzubieten, die die Produkte der Hobbythek führen.

Die Beschaffenheit der Kultur, d. h. das Verhältnis verschiedener Mikroorganismen zueinander, bestimmt auch die Zusammensetzung des Gärgetränks. Die Kombuchakultur besteht im wesentlichen aus drei Mikroorganismenarten: Milchsäurebakterien, Essigsäurebakterien und Hefen, die eine Symbiose, d. h. eine Lebensgemeinschaft, bilden. Neben der Basisflüssigkeit Tee, der für den Ansatz verwendet wird, sind eben diese Mikroorganismen für die Gehalte bestimmter Inhaltsstoffe bzw. Wirkstoffe im späteren Getränk

maßgebend. Ihr Einfluß auf die gewünschten Wirkungen ist also nicht unerheblich!
Wer nicht soviel Geld ausgeben will, kann sich auf anderem Weg eine Kultur beschaffen. Kostengünstiger ist es, sich mündlich oder per Internet (Kombuchabörse!) auf die Suche nach jemandem zu begeben, der einen Kombuchapilz besitzt. Die Kombuchakultur wächst beständig nach und kann bedenkenlos geteilt werden.

Sind Sie dann im Besitz einer Kultur, kann die Zubereitung des Gärgetränks losgehen. Zunächst wird die Nährlösung, ein gezuckerter Tee, hergestellt. Hierbei hat man allerdings die Qual der Wahl, denn es können viele Teesorten verwendet werden. Hervorragend eignet sich schwarzer Tee, grüner Tee und Mischungen dieser Tees mit Kräuter- oder Früchtetees oder auch Rotbuschtee. Pure Kräutertees und aromatisierte Tees sollten nicht verwendet werden, da eventuell vorhandene ätherische Öle die Mikroorganismenkultur schädigen könnten. Ansonsten sind der Phantasie wirklich keine Grenzen gesetzt, vielleicht kreieren Sie mit der Zeit eine eigene Kombuchateemischung, die Ihnen persönlich am besten mundet. Das Gefäß, in dem der Kombucha angesetzt wird, sollte aus Glas oder Plastik bestehen und eine große Öffnung haben. Am besten eignen sich große Einmachgläser. Metallbehälter oder Porzellangefäße dürfen nicht verwendet werden, sie können von der Säure angegriffen werden.

Kombuchatee

(für 1 Liter)

1 l	lauwarmer Tee, z.B. grüner Tee
ca. 70 g	Zucker
1	Kombucha-Teepilz in Ansatzflüssigkeit
	1,5-l-Gefäß mit großer Öffnung, z.B. ein Einmachglas

Den Zucker im Tee auflösen und den Tee mit der Ansatzflüssigkeit, in der der Kombucha schwimmt, in das Einmachglas geben. Den Kombuchapilz vorsichtig oben auf die Flüssigkeit setzen. Sollte er abtauchen, ist das kein Problem, meist schwimmt er nach einigen Tage wieder obenauf oder auf der Oberfläche wächst eine neue Haut. Die Kombuchakultur braucht viel Sauerstoff, deshalb darf hier kein Deckel den Luftzutritt behindern. Da aber der süßliche Duft schon mal diverse Insekten anlocken kann, sollte vorsorglich ein einlagiges Papier-Haushaltstuch oder ein wenig Tüll über die Öffnung gelegt und mit einem Gummiring befestigt werden.

Den angesetzten Kombucha an einem rauchfreien, warmen Ort (optimal sind Temperaturen zwischen 23 und 27 °C) acht bis zehn Tage gären lassen. Eine gelegentliche Geschmacksprobe mit einem sauberen (!) Löffel gibt Aufschluß über das Fortschreiten der Gärung. Hat das Gärgetränk sein optimales Aroma erreicht, entnimmt man die Kombuchakultur vorsichtig, z.B. mit einem Holzlöffel, und spült sie unter

lauwarmem, fließenden Wasser gründlich ab. Dabei können auch vorhandene fransige Fäden auf der Unterseite direkt mit entfernt werden. Das fertige Kombuchagetränk wird durch ein Sieb oder einen Kaffeefilter abgeseiht. Der Kombucha kann nun erneut wie beschrieben angesetzt werden.

Achtung: Denken Sie immer daran, den Tee vorher abkühlen zu lassen, heiße Temperaturen verträgt der Kombucha nämlich nicht. Es ist ratsam, das Gärgefäß entweder auszuwechseln oder vor dem neuen Ansatz gründlich zu reinigen. 100 Milliliter des fertigen Gärgetränks werden jeweils zur neuen Tee-Zucker-Lösung hinzugegeben, das sorgt schnell für ein saures Milieu, in dem sich keine unerwünschten Mikroorganismen ansiedeln können. Zusätzlich kann zur Säuerung auch ein Eßlöffel Essig oder Zitronensaft verwendet werden. Darüber hinaus versteht sich eine sorgsame Hygiene im Umgang mit der Kultur und beim Ansetzen des Gärgetränks von selbst (siehe *Seite 70*). Trotz vorsichtiger und sauberer Behandlung kann es vorkommen, daß ein Kombucha Schimmelpilzbefall zeigt. Das ist an einer Veränderung in der Farbe und am Geruch der Kultur zu erkennen. Diese Kultur ist leider nicht mehr zu retten. Sie muß in jedem Fall verworfen werden!

Das fertige Kombuchagetränk wird in eine saubere Flasche gefüllt und bei kühlen Temperaturen aufbewahrt. Natürlich kann es sofort getrunken wer-

Abb. 34:   Der Kombuchapilz sollte immer oben auf der Flüssigkeit schwimmen.

den, besser schmeckt es allerdings, wenn es ein paar Tage nachreifen kann und schön kühl serviert wird! Bei kühler Lagerung ist das Getränk ca. zwei Wochen haltbar.

Ab und an, wenn die Kombuchakultur zu groß geworden ist, empfiehlt sich eine Teilung. Mit der Schere kann ein Stückchen abgeschnitten werden.
Eine Kombuchakultur kann auch mehrere Wochen unbeschadet aufbewahrt werden, z.B. wenn Sie in Urlaub fahren. Dafür bereiten Sie einen frischen Ansatz und lagern ihn für die betreffende Zeit kühl, z.B. im Kühlschrank.

So lebt Ihre Kombucha-Kultur ewig

- regelmäßig neu ansetzen
- rauchfrei stehenlassen
- gesicherte Sauerstoffzufuhr, darf aber nicht zugig stehen
- Kälte schadet, am besten zimmerwarme Temperaturen
- sauber arbeiten
- nie pure aromatisierte Tees oder Tees mit hohem Gehalt ätherischer Öle wie Pfefferminze oder Salbei als Kulturflüssigkeit verwenden

Kombucha schmeckt pur, kann aber auch als Mix mit Sprudelwasser oder Säften verlängert werden. Ein wunder-

bares Erfrischungsgetränk für jeden Tag ist der „Kombucha-Fit".

„Kombucha-Fit"
(für 1 Glas)

½ Glas	(ca. 100 ml) Kombucha (siehe *Seite 75*)
1 TL	Frusip's Mineral
½ Glas	(ca. 100 ml) Sprudelwasser

Kombucha mit Frusip's verrühren und mit Sprudelwasser aufgießen.

„Kombulone"
(für 4 Gläser)

½	Honigmelone
½ l	Kombucha, gekühlt (siehe *Seite 75*)
8	Eiswürfel

Die Honigmelone schälen und das Fleisch mit einem Löffel ausschaben. Das Melonenfleisch in kleinere Stücke schneiden und mit dem Pürierstab pürieren. Kombucha zugeben und gut verrühren. In vier Gläser füllen, in jedes zwei Eiswürfeln geben und servieren.

Kombucha eignet sich auch hervorragend in Kombination mit oder als Alternative zu alkoholischen Getränken wie Wein und Sekt, z. B. in einer Bowle oder auch in Desserts.

Abb. 35: Kombuchabowle „light"

Kombuchabowle „light"
(für ca. 10 Bowletassen)

400 g	gemischtes Obst, z. B. Erdbeeren, Himbeeren, Orangen, Pfirsiche
1 l	Kombucha, gekühlt (siehe *Seite 75*)
1	Pikkolo-Sekt, gekühlt
500 ml	Sprudelwasser, gekühlt einige Zweiglein Zitronenmelisse

Obst waschen, eventuell schälen und in mundgerechte Stücke schneiden. In ein Bowlegefäß geben, Sekt dazu und einige Zeit ziehen lassen, dann mit Kombucha und Sprudelwasser aufgießen. Mit Zitronenmelisse versetzen. Prost!

Badendes Obst mit Pistaziencreme
(für 4 Personen)

400 g	gemischte Früchte, z. B. Ananas, Apfelsinen, Bananen, Erdbeeren, Kiwis, Weintrauben
2 EL	Apfelsüße HT
1 Päckchen	(25 g) frische grüne Pistazien
150 g	Joghurt bzw. Schmand
1 TL	Inulin HT
600 ml	Kombucha (siehe *Seite 75*)

Früchte waschen und eventuell schälen, in kleine Stückchen schneiden und mit Apfelsüße vermischen. Die Pistazien kleinhacken und mit dem Joghurt bzw. Schmand sowie Inulin verrühren. Den Obstsalat auf vier tiefe Dessertschälchen verteilen, jeweils mit 150 Milliliter Kombucha aufgießen und mit je einem gehäuften Eßlöffel der Pistaziencreme verzieren.

Inulin HT ist ein weißes Pulver, das aus Zichorienwurzeln gewonnen wird. Chemisch gesehen ist Inulin eine Polyfructose, d.h. es setzt sich aus vielen Fruchtzuckermolekülen zusammen. 100 Gramm Inulin liefern 120 kcal und enthalten 90 Gramm lösliche Ballaststoffe. Es entwickelt nur wenig Süße, verleiht Speisen und Getränken aber einen wunderbar cremigen Geschmack.

Kombuchaessig

Für gewöhnlich gärt der Kombucha etwa acht bis zehn Tage und erreicht in dieser Zeit ein leckeres und vollmundiges Aroma. Bleibt er länger stehen, so werden Sie feststellen, daß er sich langsam zu Essig umwandelt. Nach ca. einem Monat ist ein schmackhafter Essig entstanden, der in der Küche vielseitig verwendet werden kann. Im Hobbythek-buch „Essig und Öl" haben wir jede Menge Rezepte mit Essig zusammengestellt, für deren Zubereitung Sie auch den Kombuchaessig verwenden können.

Grassaft – Neues aus der grünen Apotheke

Daß die Natur viele gesundheitsfördernde Schätze bereithält, kehrt ganz allmählich wieder ins Bewußtsein der Menschen zurück. Altes Wissen über Heilpflanzen ist gefragt wie nie und ihre Anwendungen können je nach Erkrankung überaus hilfreich sein. Diese natürliche Medizin hat auch den Begriff der Natur als „Grüne Apotheke" geprägt. Nicht zu vergessen ist allerdings, daß natürlich gewachsene Pflanzen dem Menschen seit jeher als wichtige Nahrungsquelle dienen. Das Gras grüner Wiesen bildete da bislang die Ausnahme. Zwar strotzt das satte Grün nur so vor Frische, Kraft und Energie, doch reizte das bisher nur wenige Menschen dazu, einmal kräftig „ins Gras zu beißen".

In jüngster Zeit allerdings macht in alternativen Kreisen ein Getränk Furore, das aus Grashalmen hergestellt wird. Vornehmlich wird dazu Weizengras, aber auch das Gras anderer Getreide wie Gerste und Hafer verwendet. Die jungen Gräser werden zu einem kräftigen, grünen Saft ausgepreßt, der angenehm nach frisch gemähter Wiese duftet. Dieser Saft kann pur getrunken werden, doch ist dies nicht jedermanns Sache, da er als Konzentrat einen sehr starken Geschmack besitzt. Wir empfehlen daher, ihn zu verdünnen.
Der Grassaft wird als wundersames Heilmittel gegen vielerlei Leiden und Gebrechen gepriesen. Die meisten dieser Behauptungen sind jedoch mit Vorsicht zu genießen, nicht selten müssen persönliche Erfahrungsberichte als Beweis für die Versprechungen herhalten. Wir meinen, daß auch von diesem Saft keine Wunder erwartet werden dürfen. Dennoch spricht nichts gegen seinen Genuß, denn so gesund wie Obst- oder Gemüsesäfte ist der Grassaft allemal: Neben Eiweiß und Kohlenhydraten enthält er wichtige Vitalstoffe wie Vitamine und Mineralien sowie eine ordentliche Portion Chlorophyll und je nach Zubereitung auch einen hohen Ballaststoffgehalt.

Mehr als nur grüne Farbe: Chlorophyll

Ob Blätter, Gräser, Algen oder grünes Gemüse – alle tragen sie in ihren Zellen den grünen Stoff, der noch viel mehr leistet, als der Pflanze ihre Farbe zu verleihen. Chlorophyll ist quasi die Herz-Lungen-Maschine der Pflanzen und im Aufbau unserem Hämoglobin sehr ähnlich. Es fängt das Sonnenlicht ein und ermöglicht der Pflanze mit Hilfe dieser Energie den Aufbau wichtiger Nährstoffe aus Kohlendioxid und Wasser (Photosynthese). Auf diese Weise schafft es die Lebensgrundlage für Pflanzen und damit auch für Tier und Mensch. Neben dieser bedeutenden Funktion für alles Leben auf der Welt werden dem Chlorophyll auch verschiedene physiologische Wirkungen zugeschrieben. Vor langer Zeit wurden Gräser zur Wundheilung eingesetzt, weil das in ihnen enthaltene Chlorophyll krankmachenden Keimen den Garaus macht. In den 50er Jahren waren Chlorophylltabletten gegen unerwünschte Körpergerüche groß in Mode. Auch heute gibt es sie noch gegen Mundgeruch. Außerdem ist Chlorophyll ein guter Lieferant von

Magnesium, dem Mineralstoff gegen Streßsymptome. Neuere Forschungen sprechen dem Chlorophyll sogar eine krebsverhindernde Wirkung bei Aufnahme von Schimmelpilzgiften zu.

Gras ziehen leichtgemacht

Bislang gibt es Grassaft nicht zu kaufen, es existieren allerdings einige Anbieter für bereits fertig gezogenes Gras, welches dann per Post verschickt wird. Dies ist eine nützliche Alternative für all diejenigen, denen das Selberziehen zu aufwendig ist. Dennoch empfehlen wir, das Gras selbst anzubauen, das ist wesentlich kostengünstiger und macht weniger Arbeit, als man denkt. Zukunftsmusik ist bei uns noch das, was in Amerika schon Alltag ist. Dort wird in speziellen Läden Gras vom Beet angeboten und je nach Bedarf des Verbrauchers frisch geerntet.

Die Grundlage für die eigene Graszucht sind die Samen. Am besten werden unbehandelte, keimfähige Weizengetreidekörner aus dem Bio- oder Naturkostladen verwendet. Danach gibt es zwei Möglichkeiten für die Anzucht:

1. Keimen im Einmachglas oder einer Margarinendose

Ein Einmachglas/Margarinendose mit zwei Eßlöffeln (ca. 40 Gramm) Körnern füllen, mit 100 Millilitern Wasser bedecken und ca. zwölf Stunden quellen lassen. Die eingeweichten Körner über einem Sieb abschütten und unter fließendem Wasser gut spülen. Anschließend wieder tropfnaß in das Glas/die Dose zurückgeben und hell und zimmerwarm stehenlassen. Dabei morgens und abends wie *oben* beschrieben jeweils einmal spülen. Nach zwei bis drei Tagen sind zarte Sprossen entstanden, die bereits verzehrt werden können. Sprossen sind eine knackige, äußerst gesunde Beilage zu allen Gerichten. Sie enthalten nicht nur viele wichtige Vitamine und Mineralien, sondern sind auch gute Lieferanten der überaus wertvollen sekundären Pflanzeninhaltsstoffe. Die leicht süßlich-nussigen Sprossen von Getreidekörnern passen zum Beispiel wunderbar ins Frühstücksmüsli oder in ein fruchtiges Quark- oder Joghurtdessert.

Für den Saft müssen Sie die Sprossen jedoch weiter zu Grashalmen heranwachsen lassen. Sie werden nun nicht mehr zum Spülen entnommen, sondern durch Gießen oder Besprühen feucht gehalten. In dieser Zeit bildet sich ein dichtes Wurzelgeflecht, das alle Halme wie bei einem Teppich zusammenhält. Sind die Grashalme auf ca. zwei Zentimeter herangewachsen, werden sie vorsichtig am Schopf gepackt und geballt aus dem Glas/der Dose gezogen. Die im Korn gespeicherten Nährstoffe sind nun verbraucht, daher müssen die Pflänzchen auf Erdboden umgebettet werden. Dafür eine Schicht Erde einfüllen (ca. ein bis zwei Zentimeter dick), den Grasteppich darauf legen und behutsam festdrücken. Bei Bedarf gießen und ca. eine weitere Woche sprießen lassen.

2. Keimen im Keimapparat (z.B. Biosnacky, Durchmesser 20 cm)

Der Keimapparat besteht aus einer Auffangschale für das Gießwasser, mehreren aufeinandergetürmten Kunststoffschalen und einem Deckel als Abschluß. Die Schalen, in die die Körner (ca. 80 Gramm Körner pro Etage) eingefüllt werden, besitzen ein Ablaufventil für das Gießwasser und einen gerillten Boden, der etwas vom Gießwasser zurückhält. Das ermöglicht eine opti-

Abb. 36:   Der Keimapparat „Biosnacky" besteht aus mehreren Schalen, in denen Sie kinderleicht zu Hause auf der Fensterbank Ihr eigenes Gras ziehen können.

male Feuchte. Gegossen wird nur die oberste Schale (nicht ganz randvoll), dann läuft das Wasser durch die einzelnen Böden bis in die untere Auffangschale. Dieses Wasser kann noch zum Blumengießen verwendet werden. Die Körner sollten zweimal am Tag gegossen werden. Sind die Grashalme so weit gewachsen, daß sie an den Boden der darüberliegenden Schale stoßen, müssen die Schalen getrennt werden. Dies ist auch der Zeitpunkt, an dem die Gräser neue Nährstoffe benötigen. Dafür den Grasteppich aus der Schale herausnehmen, die Schalen mit Erde füllen (ca. ein bis zwei Zentimeter), den Grasteppich wieder aufsetzen und leicht festdrücken. Die einzelnen Schalen auf Teller stellen, damit überschüssiges Gießwasser aufgefangen werden kann. Die Wassermenge sollte so dosiert sein, daß die Wurzeln nicht im Wasser schwimmen, da sie sonst faulen könnten. Im Sommer können die gekeimten Körner natürlich auch im Garten weitergezogen werden.

Die Ernte

Die Ernte sollte beginnen, wenn die Gräser eine Höhe von 12 bis 15 Zentimetern erreicht haben. Die Halme geben nun schon genügend Saft und sind noch zart und süßlich. Am besten mit einer Schere oder einem scharfen Messer knapp über dem Körnerteppich abschneiden.

Das Pressen

Es gibt im Handel teure elektrische Grassaftpressen, die – wie wir meinen – nur für völlige Fanatiker in Frage kommen. Wir schlagen deshalb vor, einen traditionellen Fleischwolf zu verwenden, der ca. 50 DM kostet. Nach der Pressung mit dem Fleischwolf, die zunächst einen Brei ergibt, kann der Grassaft leicht mit Hilfe eines Siebes und eines Löffels aus dem Brei herausgedrückt werden. Der volle Ballaststoffgehalt kommt allerdings nur dem zugute, der auch die Faserbestandteile des Grases mitverwendet, mit anderen Worten, wenn der beim ersten Pressen erhaltene Brei vollständig mit Wasser aufgegossen wird. Bei der Pressung einer 30-Gramm-Portion Gras (ungefähr die Ernte aus einem Einmachglas) erhalten Sie ca. 20 Milliliter Konzentrat, das Sie mit etwa 200 Millilitern Wasser auffüllen können.

Wenn Sie das Konzentrat erst einmal pur probieren möchten, dann nur in winzigen Schlückchen!

Noch eine Möglichkeit bietet sich für diejenigen, die eine elektrische Küchenmaschine besitzen. Versetzen Sie in der Rührschüssel ca. 30 Gramm Gras direkt mit etwa 200 Millilitern Wasser und zerkleinern Sie es mit Hilfe des zweiarmigen Schlagmessers. Nach ca. drei Minuten können Sie das fertige Grassaftgetränk abfiltrieren. Mit weniger Gras wird das Getränk geschmacklich leichter, probieren Sie aus, wie es Ihnen am besten schmeckt!

Achtung: Der Saft ist für den sofortigen Verbrauch bestimmt! Lassen Sie den Saft nie länger als eine halbe Stunde stehen, denn die Zusammensetzung

Abb. 37:   Der gepreßte Saft ist ein Konzentrat und kann mit Wasser verdünnt und eventuell mit Frusip's verfeinert werden.

verändert sich nachteilig. Der gepreßte Saft ist außerdem ein guter Nährboden für natürliche, auf den Gräsern lebende Mikroorganismen. Den Grassaft deshalb am besten unmittelbar vor dem Verzehr pressen!

Tip: Besonders spritzig wird der Grassaft, wenn Sie selbstgemachtes Sprudelwasser zum Auffüllen verwenden. Wer möchte, kann sein Grassaftgetränk mit Frusip's aromatisieren, so schmeckt er, wie uns einhellig versichert wurde, köstlich.

Wiesensprudel
(für 1 Glas)

2 EL	Grassaftkonzentrat (siehe *Seite 79*)
2 TL	Frusip's Pink Grapefruit
200 ml	Sprudelwasser

Grassaftkonzentrat und Frusip's verrühren und mit Sprudelwasser aufgießen.

Gras-Obstler
(für 1 Glas)

2 EL	Grassaftkonzentrat (siehe *Seite 79*)
2 TL	Frusip's Apfel oder Aronia
200 ml	Sprudelwasser

Grassaftkonzentrat mit Frusip's mischen und mit Sprudelwasser aufgießen.

Grassuppe „Lillys Traum"
(für 2 Personen)

30 g	Butter
40 g	Mehl
300 ml	Wasser
150 ml	Milch
3 EL	Grassaftkonzentrat (siehe *Seite 79*)
1 Prise	Muskatnuß
	Selleriesalz, Pfeffer

Die Butter in einem Topf erhitzen und das Mehl unter Rühren einstreuen. Kräftig rühren und dabei etwas anbräunen, dann nach und nach Wasser und Milch zugeben und unter Rühren aufkochen lassen. Zuletzt den Grassaft hinzugeben, alles noch einmal gut verrühren und mit Muskatnuß, Salz und

Abb. 38: Grassuppe „Lillys Traum"

Pfeffer abschmecken. Nach Geschmack mit Kräutercroutons oder frischem Baguette servieren.

Wasser zum Essen

Wasser kann man nicht nur trinken, sondern auch essen! Dem menschlichen Körper ist es nämlich egal, in welcher Form wir ihm das Wasser präsentieren, Hauptsache er bekommt es. Nicht nur Suppen, sondern auch feste Speisen wie Wackelpudding oder Eis sind wegen ihres hohen Wassergehaltes eine Art „fester Getränke".

Deswegen gibt es hier – zum Schluß – das andere Wasser: zum Löffeln, schnittfest oder als eiskaltes Vergnügen.

Zum Löffeln

Tomaten-Auberginen-Suppe
(für 4 Personen)

1 EL	Olivenöl
1	mittelgroße Zwiebel, fein gehackt
2	Knoblauchzehen, fein gehackt
2 EL	Sojasauce
300 g	Auberginen, gewürfelt
3	Tomaten
1 kleine Dose	Tomatenmark
600 ml	Wasser
evtl. 1	rote Chilischote, fein gehackt
	Salz, Pfeffer, Basilikum oder Schnittlauch
125 g	Mozzarella, fein gewürfelt

Olivenöl in einem Topf erhitzen, Zwiebel- und Knoblauchwürfel darin glasig dünsten. Sojasauce einrühren, Auberginenwürfel dazugeben und unter Rühren leicht anbraten. Den Stielansatz der Tomaten kegelförmig herausschneiden und die Haut auf der gegenüberliegenden Seite kreuzweise einritzen. Tomaten mit kochendem Wasser übergießen, ca. ein bis zwei Minuten im Wasser liegen lassen und dann kalt abschrecken. Nun die Haut einfach abziehen, das Fleisch würfeln und mit in den Suppentopf geben. Tomatenmark einrühren, Wasser dazugeben und im geschlossenen Topf ca. 15 Minuten köcheln lassen. Die Masse mit dem Pürierstab pürieren, nach

Geschmack mit Chili versetzen und mit Salz, Pfeffer und Kräutern abschmecken. Den Mozzarella als Beilage reichen.

Mango-Sauerkraut-Suppe
(für 4 Personen)

3 EL	Olivenöl
1	rote Zwiebel, gehackt
500 g	Sauerkraut, abgetropft
1	reife Mango
500 ml	Wasser
3 EL	Frusip's Mango mit Ingwer
	Salz, Pfeffer
	evtl. frischen Ingwer, gerieben

Das Öl in einem Topf erhitzen, die Zwiebelwürfel und das Sauerkraut kurz darin andünsten. Eine reife Mango schälen, eine Hälfte in kleine Stücke würfeln, die andere mit dem Wasser pürieren. Frusip's in das Mango-Wasser-Püree einrühren und alles zum Sauerkraut geben. Fruchtstücke hinzufügen und ca. zehn Minuten köcheln lassen. Mit Salz, Pfeffer und frischem Ingwer pikant abschmecken und servieren.

Abb. 39:
Obstsuppe
„Sommer wie
Winter" mit
Schneebällchen

Wasser ca. fünf Minuten ziehen lassen. Fertige Bällchen zur Suppe geben.

Im Winter schmecken zur warm servierten Suppe nahrhafte Grießnockerln ganz hervorragend:

Für die Grießnockerln:
¼ l Milch
1 TL Zucker
75 g Grieß

Die Milch mit dem Zucker zum Kochen bringen, dann unter Rühren den Grieß einrieseln und bei leichter Hitze ca. zehn Minuten quellen lassen. Anschließend den Brei kalt werden lassen und dann mit einem Teelöffel Nockerln ausstechen. Fertige Nockerln einige Minuten in der warmen Suppe ziehen lassen.

Kochen mit Lotosmehl

Die Lotospflanze ist in China ein sehr beliebtes und äußerst vielseitig verwendetes Nahrungsmittel. Alle Teile dieser exotischen Wasserpflanze, angefangen bei der Wurzel über Stengel, Blätter und Samen, bereichern als Beilagen die chinesische Küche. Darüber hinaus wird aus den Wurzeln sogar noch ein stärkereiches Mehl gewonnen, das zum Andicken von Suppen, Saucen und vor allem Puddings dient. Es schmeckt sehr aromatisch und enthält zudem Mineralien, Spurenelemente und Vitamine. Die Desserts auf Lotosmehlbasis sind in China übrigens so populär, daß es dafür

Obstsuppe „Sommer wie Winter"
(für 4 Personen)

500 g gemischte Früchte, z.B. Äpfel,
　　　 Birnen, Beeren, Weintrauben
　1 l Wasser
　2 EL Frusip's Rote Traube
　1 EL Konjacmehl HT
　2 EL Zucker oder Isomalt
　　　 Zimt

Obst in Stücke schneiden und im kochenden Wasser ca. zehn Minuten garen. Frusip's dazugeben und unter Rühren das Konjacmehl einstreuen. Mit Zucker und Zimt abschmecken.
Zum Süßen können Sie statt Zucker auch Isomalt verwenden.
Isomalt ist eine Zuckerart, die durch Umformen herkömmlicher Zuckerbausteine gewonnen wird und den Vorteil hat, daß sie weniger kariogen ist als Haushaltszucker.

Im Sommer bieten sich als Einlage in der kalten Suppe „Schneebällchen" aus steifgeschlagenem Eiweiß an:

Für die Schneebällchen:
　2 Eiweiß
2 EL Zucker

Das Eiweiß steifschlagen, dann den Zucker unter Rühren einrieseln lassen und noch ca. fünf Minuten weiterschlagen. In einem Topf Wasser zum Kochen bringen und vom Herd nehmen. Mit einem Eßlöffel Bällchen aus der Eiweißmasse abstechen und in dem heißem sogar eigene Läden gibt, ungefähr vergleichbar mit hiesigen Eisdielen. Das Lotosmehl erhalten Sie in den Hobbythekanbieterläden (siehe *Bezugsquellenverzeichnis*) und in Asienshops.

Fruchtiges Lotosdessert
(für 2 Personen)

2 EL	Frusip's (1:20), z.B. Aprikose oder Japanische Pflaume mit Algen (Ume)
3 EL	Zucker oder Fruchtsüße HT

2 EL	Lotosmehl, pulvrig gemahlen oder gesiebt
200 ml	Wasser
	Früchte nach Geschmack, z.B. einige Aprikosen oder Pflaumen

Frusip's, Zucker bzw. Fruchtsüße und Lotosmehl zunächst miteinander vermischen und anschließend das Wasser unterrühren. Das Ganze unter stetigem Rühren erhitzen und kurz aufwallen lassen. Vom Herd nehmen, eventuell noch einmal nachrühren und erkalten lassen.

Für ein Dessert mit Fruchteinlage die Früchte in Würfel schneiden, in eine Schüssel geben und den nur noch leicht warmen Pudding darüber verteilen.

Falls Sie einen Frusip's 1:40 verwenden wollen, nur die halbe Menge Frusip's, nämlich einen Eßlöffel, und zusätzlich einen Eßlöffel Wasser verwenden. Diese angedickte Masse eignet sich auch als leckere Beilage zu Camembert (siehe *Seite 88*).

Süßsaure Suppe
(für 4 Personen)

150 g	Hähnchenbrustfilet
500 ml	Wasser
3	Frühlingszwiebeln
2	Möhren
2	Knoblauchzehen
5 EL	Frusip's Japanische Pflaume mit Algen (Ume)
1 EL	Zucker oder Ballastsüße HT
2 EL	Lotosmehl, gemahlen
3 EL	Weinessig
½ TL	Salz
2 Spritzer	Tabasco oder 2 Prisen Cayennepfeffer

Hähnchenfilet unter fließendem Wasser abspülen, in feine Stücke würfeln und im Wasser ca. zehn Minuten köcheln lassen. In der Zwischenzeit Frühlingszwiebeln und Möhren putzen. Frühlingszwiebeln in feine Ringe schneiden, Möhren raspeln, Knoblauchzehen schälen und fein hacken. Alles zur Hähnchensuppe geben und weitere fünf Minuten garen. Frusip's und Zucker oder Ballast-

*Abb. 40:
Fruchtiges Lotosdessert mit Aprikosen*

süße mit dem Lotosmehl verrühren, zur Suppe geben und unter Rühren aufkochen lassen. Zum Schluß den Essig zugeben und mit Salz würzen. Nach Geschmack mit Tabasco oder Cayennepfeffer scharf abschmecken.

Schnittfestes Wasser

Schnittfestes Wasser, das klingt ungewöhnlich, doch dahinter verbergen sich ganz bekannte Gerichte wie Wackelpudding oder Aspik. Wir bedienen uns der gelbildenden Fähigkeiten von Gelatine und Alginat, um aus flüssigem Wasser schnittfeste Leckerbissen zu machen.

Wackelpudding mit Vanilleblasen
(für 4 Personen)

Für den Wackelpudding:
- 4 TL Pulvergelatine vom Schwein
- 500 ml Wasser
- 2 ½ EL Frusip's 1:40, z.B. Apfel, oder 4 EL Frusip's 1:20, z.B. Pfirsich
- 5 Tabl. Lightsüß HT oder 3 EL Ballastsüße HT

Die Gelatine ca. fünf Minuten mit etwa vier Eßlöffeln Wasser vorquellen und das übrige Wasser zum Kochen bringen. Vom Herd nehmen, die gequollene Gelatine unter Rühren darin auflösen. Anschließend Frusip's unterrühren, Süße dazugeben und ebenfalls ver-

rühren. Alles in eine Glasschale füllen und fest werden lassen.

Für die Vanillesauce:
- 150 ml Milch
- 1 EL Frusip's Vanille
- 2 Tabl. Lightsüß HT
- ½ TL Konjacmehl HT

Die Sauce wird kalt angerührt. Dazu Milch mit Frusip's und Lightsüß verrühren. Konjacmehl unter Rühren einstreuen, am besten mit dem Pürierstab verquirlen. Vanillesauce mit einer Spritze aufziehen und Blasen oder Phantasiegebilde in den Pudding spritzen. Wenn Sie die Sauce extra servieren wollen, dann ca. eine halbe Stunde nachdicken lassen.

Wackelpuddingeis – Der Pudding zum Einfrieren
(für 4 Personen)

- 500 ml Wasser
- 1 TL Natriumalginat
- 100 ml Fruchtsüße HT
- 4 EL Frusip's 1:40, z.B. Frusip's Kirsche

Das Wasser zum Kochen bringen, in der Zwischenzeit Alginat mit der Fruchtsüße vermischen und unter Rühren in das kochende Wasser geben. Alles gut aufkochen, vom Herd nehmen, abkühlen lassen. Frusip's unterrühren und einfrieren.
Natriumalginat wird aus Braunalgen gewonnen und ist ein Gelbildner, der

sich am besten bei Erwärmung löst. In die Fruchtmasse eingerührt, verhindert es beim Gefrieren die Bildung großer Eiskristalle, und das Eis läßt sich anschließend noch schneiden und löffeln.

Die Masse kann z.B. für die Gletschertorte (siehe *Seite 87*) verwendet werden oder für hübsche Eisformen bzw. Eis am Stiel.

Lachs-Gemüse-Aspik mit Thymian-Zitronen-Sahne
(für 10 Scheiben)

Für den Aspik:
- 600 ml Gemüsebrühe
- 200 ml Weißwein
- 200 g Lachsfilet
- 200 g gemischtes Gemüse, z.B. Brokkoli, Blumenkohl, Lauch, Artischockenböden
- 4 TL Pulvergelatine vom Schwein
- 4 EL Wasser
- Salz, etwas Dill

Gemüsebrühe und Wein in einem Kochtopf erwärmen, Lachs zugeben und bei milder Hitze ca. zehn Minuten darin ziehen lassen. Herausnehmen und nach dem Erkalten in Stücke zupfen. Kleine Brokkoli- und Blumenkohlröschen, Lauch in Ringen und zerkleinerte Artischockenböden etwa zwanzig Minuten in der Brühe garen. In der Zwischenzeit die Gelatine ca. fünf Minuten mit wenig Wasser quellen lassen, dann Gemüse mit einem Schaumlöffel aus der Brühe nehmen und beiseite stellen. Brühe vom Herd nehmen, mit Gewürzen abschmecken, gequollene Gelatine

Abb. 41:   Lachs-Gemüse-Aspik

Joghurt mit der Mayonnaise und dem Zitronensaft verrühren, salzen und pfeffern. Thymian hacken, Sahne schlagen und beides unter die Sauce heben.

Eiskaltes Vergnügen

Geeiste Orangen
(für 4 Personen)

4	Orangen, unbehandelt
300 ml	Wasser
5 EL	Fruchtsüße HT
1 TL	Natriumalginat
1	Eiweiß, geschlagen

Das obere Drittel der Orangen abschneiden und später eventuell als Deckel verwenden. Aus der restlichen Frucht das Fruchtfleisch vorsichtig herauslösen und mit dem Saft in einem Topf auffangen. Ausgehöhlte Orangen und Deckel tieffrieren. Den Saft mit Wasser versetzen und unter gelegentlichem Rühren ca. acht Minuten köcheln lassen. Fruchtsüße mit Natriumalginat verrühren, zum Saft geben und das Ganze aufkochen lassen. Angedickte Masse etwas abkühlen lassen und das geschlagene Eiweiß unterheben. Die Sorbetmasse ins Tiefkühlfach geben und zwei Stunden gefrieren lassen, dabei ab und zu umrühren. Anschließend das Sorbet in die ausgehöhlten Orangen füllen und noch einmal für ca. eine Stunde ins Tiefkühlfach geben.

dazugeben und gut verrühren. Eine 1,5-Liter-Kastenform mit einer halben Zentimeter dicken Geliermasse ausgießen und fest werden lassen. Dann abwechselnd Lachsstückchen und Gemüse in die Form schichten, mit der restlichen Geliermasse aufgießen und am besten über Nacht erstarren lassen. Zum Servieren das Aspik mit einem Messer vorsichtig vom Rand lösen – eventuell die Form vorher kurz in heißes Wasser tauchen – und auf eine Platte stürzen. In Scheiben schneiden und mit der Thymian-Zitronen-Sahne servieren.

Für die Thymian-Zitronen-Sahne:

1 Becher	(150 g) Joghurt
2 EL	Joghurt-Salatmayonnaise
	Saft von ½ Zitrone
	Salz, Pfeffer
1 Bd.	frischer Thymian
100 ml	Sahne

Himbeer-Kokos-Eistorte
(20 cm Durchmesser)

Eier ca. zwei Minuten mit dem Mixer aufschlagen. Frusip's Kokos oder Kokosflocken und Zucker nach und nach einrühren und das Ganze weitere acht Minuten mixen, bis eine hellgelbe Creme entstanden ist. Mehl mit Backpulver mischen und durch ein Sieb auf die Crememasse streuen, dann das Mehl leicht unterheben. In eine Backform (20 cm) füllen und ca. 20 bis 25 Minuten bei 180 °C backen. Anschließend aus der Form lösen und erkalten lassen.

Die aufgetauten oder frischen Himbeeren mit dem Wasser pürieren und das Püree in zwei gleichgroße Mengen aufteilen. In die eine Hälfte unter Rühren Konjacmehl einstreuen und mit Konfilight süßen (Fruchtpüree). Die andere

Abb. 42:
Fruchtig-bunte Eiswürfel – reizvoll für Gaumen und Auge.

Hälfte mit dem Joghurt und Frusip's verrühren und mit Inulin cremig schlagen (Crememasse).

Den Biskuitboden zweimal quer durchschneiden und die untere Hälfte wieder in die Backform legen. Den Boden mit der Hälfte des Fruchtpürees bestreichen und einige Minuten im Kühlschrank fest werden lassen. Den zweiten Boden aufsetzen und darauf die Crememasse verteilen. Die letzte Biskuitlage locker auflegen und das restliche Fruchtpüree darauf verteilen. Am Rand entlang die Kokosflocken aufstreuen. Mindestens drei Stunden im Gefrierfach fest werden lassen. Die gefrorene Eistorte kurze Zeit antauen las-

sen, aus der Form lösen und mit einem erwärmten Messer in Stücke schneiden. **Konfilight HT** ist ein Süßstoff aus Cyclamat und Acesulfam und wird in Pulverform angeboten. Da Hitze den beiden Süßstoffen nichts anhaben kann, eignet es sich auch für hohe Temperaturen beim Kochen und Backen. Ein Gramm Konfilight entspricht etwa 100 Gramm Zucker, eine Messerspitze ungefähr zehn Gramm. Konfilight hat einen ADI-Wert (zugelassene tägliche Menge) von zwei Gramm, das entspricht einer Menge von 200 Gramm Zucker.

Gletschertorte
(20 cm Durchmesser)

1 Portion	Wackelpuddingeis (siehe *Seite 84*)
je 1 EL	von drei verschiedenfarbigen Frusip's, z.B. Rote Traube, Kirsche, Mandarine
6	Karlsbader Oblaten
evtl. 3 EL	Isomalt PF (= Pulverfein)

Nach dem Rezept auf *Seite 84* Wackelpuddingeis zubereiten, in drei Portionen aufteilen und jeweils einen Eßlöffel Frusip's unterrühren. Die Backform mit einer Oblate auslegen und darauf eine dünne Schicht Wackelpuddingeis verteilen. Nun abwechselnd Oblaten und Wackelpuddingeis in wechselnden Farben einfüllen. Mit einer Wackelpuddingschicht enden. Im Gefrierfach fest werden lassen. Kurze Zeit antauen lassen, aus der Form lösen und eventuell mit Isomalt bepudern. Mit einem warmen Messer in Stücke schneiden.

Fruchtig-bunte Eiswürfel
Nicht selten schmecken Getränke mit normalen Eiswürfeln schnell verwässert, wenn die schmelzenden Eiswürfel das Getränk verdünnen. Abhilfe schaffen hier Eiswürfel mit Frusip's-Zugabe, die das Getränk außerdem auch noch farblich attraktiv machen.
Pro Eiswürfel einen halben Teelöffel Frusip's (1:40) oder einen Teelöffel Frusip's (1:20) in das entsprechende Fach geben, mit Wasser auffüllen und gefrieren. Besonders schön sehen auch in Eiswürfel eingeschlossene kleine Blüten aus, z.B. Gänseblümchen oder Borretsch, sowie Kräuter wie Zitronenmelisse.

Eiswürfelbowle „Ginger"
(für 2 Liter)

Für die Eiswürfel:
Besorgen Sie sich möglichst viele Eiswürfelbehälter, je nachdem wieviel Bowle Sie herstellen wollen. Je eine Lage pro Fach mit einem Teelöffel Frusip's Rote Traube füllen. Zusätzlich einen Behälter pro Fach zur Hälfte mit ein bis zwei Borretschblüten, Zitronenmelisse- oder Pfefferminzblättchen füllen. Mit Wasser ergänzen und einfrieren.
Je zwei Lagen Frusip's Eiswürfel und zwei Lagen Blüten- oder Kräutereiswürfel für zwei Liter Bowle verwenden.
Tip: Bei festlichen Anlässen können Sie als besonderen Clou auch Blattgoldsplitter in Wasser einfrieren und golden glitzernde Eiswürfel präsentieren. Blattgold ist eßbar und wird in speziellen Geschäften in dünnen Lagen verkauft.

Für die Bowle:	
5 EL	Frusip's Ginger Ale
2 l	Sprudelwasser, eisgekühlt

Frusip's in ein Bowlegefäß geben und mit Sprudelwasser aufgießen. Je zwei Eiswürfellagen (siehe *oben*) Rote Traube-, Blüten- und Kräutereiswürfel hinzugeben. Jedes Glas mit Ginger-Bowle füllen. Je länger das Getränk stehenbleibt, um so stärker mischt sich der Geschmack der Roten Traube mit dem Ginger Ale. Bei Bedarf neue Bowle ansetzen, dafür bereits mehrere fertige Lagen an verschiedenen Eiswürfeln bereithalten.

Das kleine Gedeck

Da das Trinken oftmals vernachlässigt oder sogar ganz vergessen wird, haben wir nach durstmachenden Anregungen gesucht. Aus dieser Idee heraus sind die „kleinen Gedecke" entstanden. Hierbei handelt es sich um raffinierte Kombinationen von gesunden Knabbereien bzw. kleinen Häppchen mit Getränken, die schnell gemacht sind und Sie daran erinnern, wie wichtig regelmäßiges und ausreichendes Trinken auch außerhalb der Hauptmahlzeiten ist.

Gemüsespieße
(für 2 Spieße)

6	Radieschen
2	Gewürzgurken, in Stücken
50 g	Gouda, gewürfelt
2	Schaschlikstäbchen

Abwechselnd ein Radieschen, ein Stück Gewürzgurke und einen Goudawürfel auf die Schaschlikstäbchen spießen. Dazu paßt ein Glas „To-Mate" (siehe *Seite 59*).

Pumpernickelburger
(für 5 Burger)

10	Pumpernickelkreise
1	Tomate
ca. 5 cm	Salatgurke
½ Paket	(à 125 g) Mozzarella ein paar Tropfen Olivenöl Salz, Pfeffer, einige Basilikumblätter

Abb. 43:   Pumpernickelburger

Einen Pumpernickelkreis mit je einer Scheibe Tomate, Gurke und Mozzarella belegen. Jede Scheibe ein wenig salzen, pfeffern, oben mit Olivenöl beträufeln und mit Basilikum belegen. Mit einem Pumpernickelkreis abschließen. Dazu paßt ein Glas „Kombucha-Fit" (siehe *Seite 76*).

Gefüllte Champignons
(für 1 Person)

3	Riesenchampignons
75 g	saure Sahne oder Joghurt
½ Handvoll	frische Kräutermischung (Petersilie, Schnittlauch, Thymian usw.)
½ TL	Gummar HT
	Salz, schwarzer Pfeffer

Champignons waschen, putzen, Stiele entfernen und diese kleinhacken. Saure Sahne oder Joghurt mit dem Pilzhack sowie Kräutern und Gummar vermischen, salzen und pfeffern. Pilzhüte auf den Kopf legen und mit der Kräutermischung füllen. Dazu paßt ein Glas Frusip's-Mineralwasser (siehe *Seite 37*).
Gummar HT ist granuliertes Gummi arabicum; es schmeckt völlig neutral und verbessert auf bequemste Weise die Ballaststoffbilanz. Ein großer Vorteil ist, daß es keine Blähungen auslöst, wie das häufig bei anderen Ballaststoffen der Fall ist. Es quillt kaum, ist kaltlöslich und deshalb auch gut als Ballaststoff-Zusatz für Getränke geeignet.

Gurken-Melonen-Salat
(für 1 Person)

2 Spalten	Honigmelone
¼	Salatgurke
2 Scheiben	Parmaschinken
3 EL	Wasser
1 TL	Obstessig
½ TL	Frusip's Pfirsich

Melonenspalten schälen und in Stücke schneiden, Gurke stifteln. Parmaschinken kleinzupfen und alles vermischen. Wasser mit Obstessig und Frusip's verrühren und darüber verteilen. Dazu ein Glas Sprudelwasser mit einem Spritzer Frusip's Zitrone-Limette trinken.

Camembert-Lotosgelee
(für 2 Personen)

1	Camembert
1	Lotosgelee, wahlweise mit Früchten (siehe *Seite 83*)

Den Camembert halbieren und jeweils eine Hälfte mit der halben Portion Lotosgelee auf einem Dessertteller anrichten. Dazu Lapachotee (siehe *Seite 61*) trinken.

Salatbeutelchen „Helgoland"
(für 2 Personen)

100 ml	Wasser
1 TL	Xanthan
2 TL	Meerrettich aus dem Glas
4 EL	Semmelbrösel

Abb. 44:   Gurken-Melonen-Salat

men und oben mit mehreren Schnitt-lauchfäden (wie mit Schnürsenkeln) verschließen. Mit Zitronenscheiben garniert servieren. Dazu Wasserkefir (siehe *Seite 70*) trinken.

Xanthan ist ein gelbildendes Pulver, das in unserem Körper als Ballaststoff wirkt. Es ist ein stärkeähnlicher Stoff, der in die Gruppe der Kohlenhydrate gehört. Schon mit einem halben Teelöffel Xanthan auf 100 Milliliter Wasser läßt sich ein Gel herstellen. Es ist absolut geschmacksneutral und wirkt auch in sauren Salatsaucen als Dickungsmittel.

Früchte unter der Haube
(für 4 Personen)

300 g	Beerenobst, z.B. Erdbeeren, Heidelbeeren, Johannisbeeren
1 EL	Fruchtsüße HT
2 EL	Cointreau
2	Eiweiß
100 g	Zucker oder Isomalt

Beeren verlesen, mit Fruchtsüße und Cointreau mischen und ca. zehn Minuten durchziehen lassen. In der Zwischenzeit Eiweiß steifschlagen, Zucker bzw. Isomalt unter weiterem Rühren einrieseln lassen und ca. fünf Minuten weiterschlagen. Die Beerenmasse in vier feuerfeste Backförmchen verteilen, steifgeschlagenes Eiweiß darüberstreichen und im vorgeheizten Backofen bei 200°C ca. 20 Minuten überbacken. Dazu Rotbuschtee (siehe *Seite 64*) servieren.

100 g	Shrimps, kleingeschnitten
	Salz, Pfeffer
1 Bd.	Schnittlauch
1	Zitrone, unbehandelt
4	Eisbergsalatblätter

Das Wasser zum Kochen bringen, Xanthan einstreuen und einmal kurz aufkochen. Die Masse etwas abkühlen lassen, Meerrettich, Semmelbrösel und

Shrimpsstückchen unterrühren und mit Salz, Pfeffer, Schnittlauchröllchen (nicht den ganzen Schnittlauch kleinschneiden) und einigen Spritzern Zitronensaft (Zitrone anstechen und Saft ausdrücken) abschmecken. Salatblätter vorbereiten und mit jeweils einem gehäuften Eßlöffel der Shrimpsmasse füllen, die Blätter zu einem Beutel for-

Register

BIOSHOP, 53840 Troisdorf, Kölner Str. 36a, Tel. 02241-978091, Fax 02203-593065.
*Fa. C & M DIE ÖKOTHEK, 73430 Aalen, Spitalstr. 14, Tel./Fax 07361-680176; 89522 Heidenheim, Hintere Gasse 18, Tel. 07321-26808.
*COLIMEX-ZENTRALE, 50996 Köln, Ringstr. 46, Tel. 0221-352072, Fax 0221-352071; Auslieferungsläden: 32312 Lübbecke, Lange Str. 1, Stern-Apotheke, Tel. 05741-7707, Fax 05741-310887; 33102 Paderborn, Bahnhofstr. 18, St.-Christophorus-Drogerie, Tel. 05251-105213, Fax 05251-105252; 38300 Wolfenbüttel, Lange Herzogstr. 13, Tel. 05331-298370, Fax 05331-298570; 41812 Erkelenz, P.-Rüttchen-Str. 13, KONTRA-Center, Tel. 02431-81071, Fax 02431-72674; 42105 Wuppertal, Klotzbahn, Rathausgalerie, Tel./Fax 0202-443988; 42853 Remscheid, Alleestr. 74, Allee-Center, Tel./Fax 02191-927963; 44137 Dortmund, Westenhellweg 68-84, Tel./Fax 0231-1656308; 49808 Lingen/Ems, Lookenstr. 22-24, Multistore Lingen, Tel./Fax 0591-8040707; 50171 Kerpen, Philipp-Schneider-Str. 2-6, Kaufhalle-Center, Tel./Fax 02237-922352; 50226 Frechen, Hauptstr. 99-103, Marktpassage, Tel./Fax 02234-274770; 50354 Hürth, Theresienhöhe, EKZ-Hürth/Arkaden, Tel./Fax 02233-708538; 50667 Köln, Brüderstr. 7, Rückseite Kaufhalle/Schildergasse, Tel./Fax 0221-2580862; 50858 Köln-Weiden, Aachener Str. 1253, Rhein Center Köln-Weiden, Tel./Fax 02234-709266; 51465 Bergisch Gladbach, Richard-Zanders-Str., Kaufhalle, Tel./Fax 02202-43103; 51643 Gummersbach, Wilhelmstr. 7, Vollkorn Naturwarenhandel, Tel. 02261-64784; 52062 Aachen, „Lust fpr Life", Komphausbadstr. 10, Tel./Fax 0241-4013033; 53111 Bonn, Brüdergasse 4, Tel./Fax 0228-659698; 53721 Siegburg, Am Brauhof 4, Tel./Fax 02241-591160; 53797 Lohmar, Breidtersteegsmühle, Broich & Weber, Tel. 02246-4245, Fax 02246-16418; 57462 Olpe, Bruchstr. 13, Valentin-Apotheke, Tel./Fax 02761-5190; 58706 Menden, Bahnhofstr. 5, Windrad, Tel. 02373-390301, Fax 02373-390238; 63450 Hanau, Fahrstr. 14, Hobbytee, Tel. 06181-256463; 63739 Aschaffenburg, Steingasse 37, Colimex/Cleopatra, Tel. 06021-26464; 90402 Nürnberg, In „Emotions", Karolinenstr. 11, Tel./Fax 0911-2007760; 94032 Passau, Am Schanzl 10, Turm-Apotheke, Tel. 0851-33377, Fax 0851-32109; 95444 Bayreuth, Maxstr. 16, Schloß-Apotheke, Tel. 0921-65767, Fax 0921-65777.
*DUFT & SCHÖNHEIT, 80331 München, Sendlinger Str. 46, Tel. 089-2608259.
HELGAS HOBBY SHOP, 63584 Gründau, Gartenstr. 19, Tel. 06058-2135.
*HEXENKÜCHE, 82152 Krailling, Luitpoldstr. 25, Tel. 089-8593135, Fax 089-8593136.
*HOBBY-KOSMETIK, 86150 Augsburg, Bahnhofstr. 6, Tel. 0821-155346, Fax 0821-513945; 97456 Dittelbrunn, Erlenstr. 25, Tel. 09721-44190.
*KNACK-PUNKT, 73230 Kirchheim, Alleenstr. 87, Tel./Fax 07021-41726; 27472 Cuxhaven, Präsident-Herwig-Str. 40, Tel. 04721-62820.
*KOSMETIK-BAZARE: Interessengemeinschaft der Kosmetik-Bazare e.V., 28203 Bremen, Ostertorsteinweg 25-26, Tel. 0421-701699, Fax 0421-75531; 30159 Hannover, Knochenhauer Str. 6, Tel. 0511-326236, Fax 05066-693505; 30890 Barsinghausen, Breite Str. 7, Tel./Fax 05105-60560; 31582 Nienburg, Georgstr. 11, Tel. 05021-12825, Fax 05021-912242; 31785 Hameln, Thiewall 4, Tel./Fax 05151-22576; 32257 Bünde, Bahnhofstr. 31, Tel. 05223-5133, Fax 05232-71219; 32756 Detmold, Paulinenstr. 9, Tel. 05231-39614, Fax 05231-39691; 33615 Bielefeld, Arndtstr. 51, Tel. 0521-131008, Fax 05232-71219; 34414 Warburg, Hauptstr. 46, Tel. 05641-2311, Fax 05641-60648; 35037 Marburg, Augustinergasse, Tel. 06421-161363, Fax 0641-76450; 35390 Gießen, Frankfurter Str. 1, Tel. 0641-76979, Fax 0641-76450; 37671 Höxter, Am Markt 2a, Tel./Fax 05271-380095; 45130 Essen, Alfredstr. 43, Tel./Fax 0201-796413; 48143 Münster, Ludgeristr. 68, Tel. 0251-518505, Fax 0251-98918; 48431 Rheine, Marktstr. 14, Tel./Fax 05971-15421; 53721 Siegburg, Holzgasse 47, Tel./Fax 02241-590942; 58511 Lüdenscheid, Ringmauerstr. 5, Tel. 02351-179399, Fax 02351-179390; 59555 Lippstadt, Blumenstr. 1, Tel. 02941-78466, Fax 02947-5276; 63924 Kleinheubach, Dientzenhofer Str. 14, Tel./Fax 09371-68861; 65183 Wiesbaden, Marktstr. 14, Tel. 0611-379370, Fax 06124-3329; 67655 Kaiserslautern, Grüner Graben 3, Tel./Fax 0631-92527; 71638 Ludwigsburg, Mylius Str. 29, Tel./Fax 07141-927763; 75172 Pforzheim, Bahnhofstr. 9, Tel. 07231-33254, Fax 07452-67025; 97464 Oberwerrn, Bergstr. 7, Tel./Fax 09726-3319.
KRÄUTERGARTEN, 80469 München, Pestalozzistr. 3, Tel./Fax 089-23249802.
MARGOTS BIOECKE, 51143 Köln-Porz, Josefstr./Ladenzeile Busbahnhof, Tel. 02203-55242, Fax 02203-593065.
NATUR PUR, 06108 Halle, Kuhgasse 8, Tel. 0345-2032285.
NATUR- UND HOBBYLADEN, 91710 Gunzenhausen, Strittstr. 4, Tel. 09831-8574.
*NATURWARENLADEN Löscher, 97447 Gerolzhofen, Weiße-Turm-Str. 1, Tel. 09382-4115, Fax 09382-5692, e-mail: naturwarenladen.@-online.de.
PIPO-NATURWARENGROSSHANDLUNG GbR, 51143 Köln-Porz, Josefstr./Ladenzeile Busbahnhof, Tel. 02203-55230, Fax 02203-593065.
PURA NATURA, 90402 Nürnberg, Johannesgasse 55, Tel. 0911-209522.
*SPINNRAD GMBH/ZENTRALE, 45899 Gelsenkirchen, Am Bugapark 3, Tel. 0209-17000-0, Tx. 824726 natur d, Fax 0209-17000-40; Ausliefe-

rungsläden: 01239 Dresden-Nickern, Kaufpark, Dohnaer Str. 246, Tel. 0351-2882089; 04104 Leipzig, DLZ, im Hauptbahnhof, Willy Brandt Platz 5, Tel. 0341-9612205; 04329 Leipzig-Paunsdorf, Paunsdorf Center, Paunsdorfer Allee 1, Tel. 0341-2518906; 06254 Günthersdorf, Saale Park, Tel. 03463-820803; 07545 Gera, Gera-Arcaden, Heinrichstr. 30, Tel. 0365-8001125; 07743 Jena, Goethe Galerie, Goethestr., Tel. 03641-890906; 08523 Plauen, EKZ „Die Kolonnaden", Bahnhofstr. 11, Tel. 03741-201784; 09125 Chemnitz, Alt Chemnitz Center, Anna-bergerstr. 315, Tel. 0371-514226; 10247 Berlin-Friedrichshain, Frankfurter Allee 53, Tel. 030-4276161; 10719 Berlin-Wilmersdorf, Uhlandstr. 43-44, Tel. 030-8814848; 10789 Berlin-Charlottenburg, Europacenter, Eingang Tauentzienstr., Tel. 030-2616106; 12163 Berlin-Steglitz, Schloß-str. 1, Tel. 030-7911080; 12351 Berlin-Gropiusstadt, Johannisthaler Chaussee 295, Tel. 030-6030462; 12555 Berlin-Köpenick, Bahnhofstr. 33-38, Tel. 030-6520008; 12619 Berlin-Hellersdorf, Spree-Center, Hellersdorferstr. 79-81, Tel. 030-5612081; 13055 Berlin-Hohenschönhausen, Allee-Center, Landsberger Allee 277, Tel. 030-97609436; 13357 Berlin-Wedding, Badstr. 5, Tel. 030-49308939; 13439 Berlin-Prenzlauer Berg, Schönhauser Allee 79, Tel. 030-44652393; 13507 Berlin-Tegel, Am Borsigturm 11, Tel. 030-43402279; 15745 Wildau, A10 Center an der BAB 10, Nähe Mega Markt, Tel. 0337-5504696; 16303 Schwedt, Oder Center, Landgrabenpark 1, Tel. 03332-421942; 17033 Neubranden-burg, Marktplatz Center, Marktplatz 2, Tel. 0395-5823511; 18055 Rostock, Rostocker Hof/Kröpeliner Str., Tel. 0381-4923281; 19053 Schwe-rin, Schloßpark-Center, Am Marienplatz 5-6, Tel. 0385-5812255; 20146 Hamburg-Rotherbaum, Grindelallee 116, Tel. 040-4106096; 21073 Hamburg-Harburg, Lüneburger Str. 19, Tel. 040-76753177; 21335 Lüneburg, Grapengießer Str. 25, Tel. 04131-406427; 22083 Ham-burg-Barmbek, EKZ, Hamburgerstr. 37, Tel. 040-22738862; 22111 Hamburg-Billstedt, Billstedt-Center, Billstedter Platz 39, Tel. 040-73679808; 22143 Hamburg-Rahlstedt, Rahlstedt-Center, Schweriner Str. 8-12, Tel. 040-6779044; 22765 Hamburg-Ottensen, Mercado-Center, Ottenser Hauptstr. 8, Tel. 040-392310; 22850 Norderstedt-Garstedt, Herold-Center, Berliner Allee 38-44, Tel. 040-52883730; 22869 Schenefeld, Kiebitzweg 2/Industriestr.; Tel. 040-83099081; 23552 Lübeck, Mühlenstr. 11, Tel. 0451-7063307; 24103 Kiel, Holstenstr. 34, Tel. 0431-978728; 24534 Neumünster, Großflecken 51-53, Tel. 04321-41633; 24937 Flensburg, Große Str. 3, Tel. 0461-13761; 25524 Itzehoe, Holstein Center, Feldschmiedekamp 6, Tel. 04821-65106; 26122 Oldenburg, Achternstr. 22, Tel. 0441-25493; 26382 Wilhelmshaven, Nordseepassage, Bahnhofsplatz 1, Tel. 04421-455308; 26506 Norden, Neuer Weg 38, Tel. 04931-992859; 26789 Leer, EmsPark, Nüttermoorer Str. 2, Tel. 0491-9921127; 27568 Bremerhaven, Bürgermeister-Smid-Str. 53, Tel. 0471-44203; 27749 Delmenhorst, Lange Str. 96, Tel. 04221-129332; 28195 Bremen, Bremer Carré, Obernstr. 67, Tel. 0421-1691932; 28203 Bremen-Steintor, Ostertorsteinweg 42-43, Tel. 0421-3399043; 28259 Bremen-Huchting, Roland-Center, Alter Dorfweg 30-50, Tel. 0421-5798506; 30159 Hannover, Georgstr. 7, Tel. 0511-7000815; 30823 Garbsen, Havelser-/Berenbosteler Str., Tel. 05131-476253; 30853 Langenhagen, City Center, Marktplatz 5, Tel. 0511-7242488; 30880 Laatzen, Leine EKZ, Marktplatz 11, Tel. 0511-8236700; 31134 Hildesheim, Angoulemeplatz 2, Tel. 05121-57311; 31785 Hameln, Bäckerstr. 40, Tel. 05151-958606; 32052 Herford, Lübbestr. 12-20, Tel. 05221-529654; 32423 Minden, Bäckerstr. 72, Tel. 0571-87580; 32756 Detmold, Lange Str. 36, Tel. 05231-37695; 33098 Paderborn, EKZ/Königplatz 12, Tel. 05251-281759; 33330 Gütersloh, Münsterstr. 6, Tel. 05241-237071; 33602 Bielefeld, Marktpassage, Tel. 0521-66152; 34117 Kassel, Untere Königstr. 52, Tel. 0561-14339; 35390 Gießen, Kaplans-gasse 2-4, Tel. 0641-792393; 35576 Wetzlar, Langgasse 39, Tel. 06441-46952; 36037 Fulda, Bahnhofstr. 4, Tel. 0661-240638; 37073 Göttin-gen, Gronerstr. 57/58, Tel. 0551-44700; 38100 Braunschweig, Sack 2, Tel. 0531-42032; 38226 Salzgitter-Lebenstedt, Fischzug 12, Tel. 05341-178729; 38440 Wolfsburg, Südkopfcenter, Tel. 05361-15004; 38640 Goslar, Kaiserpassage, Breite Str., Tel. 05321-43963; 39104 Magdeburg, City Carré, Kantstr. 5a, Tel. 0391-5666740; 39326 Hermsdorf, EKZ Elbe Park, Tel. 039206-52207; 40212 Düsseldorf, Schadowstr. 80, Tel. 0211-357105; 40218 Düsseldorf-Friedrichstadt, Friedrichstr. 12, Tel. 0211-3859444; 40477 Düsseldorf-Derendorf, Nordstr. 79, Tel. 0211-4984725; 40597 Düsseldorf-Benrath, Hauptstr. 9, Tel. 0211-7180811; 40721 Hilden, Bismarckpassage, Tel. 02103-581937; 40878 Ratingen, Obernstr. 29, Tel. 02102-993801; 41061 Mönchengladbach, Hindenburgstr. 173, Tel. 02161-22728; 41236 Mönchengladbach-Rheydt, Galerie am Marienplatz, Tel. 02166-619739; 41460 Neuss, Zollstr. 1-7, Ecke Oberstr., Tel. 02131-276708; 41539 Dormagen, Kölner Str. 98, Tel. 02133-49045; 41747 Viersen, Hauptstr. 85, Tel. 02162-350549; 42103 Wuppertal-Elberfeld, Herzogstr. 28, Tel. 0202-441281; 42275 Wuppertal-Barmen, Alter Markt 7, Tel. 0202-551753; 42551 Velbert, Friedrichstr. 168, Tel. 02051-52727; 42651 Solingen, Hauptstr. 28, Tel. 0212-204041; 42853 Remscheid, Alleestr. 30, Tel. 02191-420867; 44135 Dortmund, Bissenkamp 12-16, Tel. 0231-578936; 44532 Lünen, Lange Str. 32, Tel. 02306-258186; 44575 Castrop-Rauxel, EKZ Widumer Platz, Lönsstr., Tel. 02305-27215; 44623 Herne, Bahnhofstr. 45, Tel. 02323-53021; 44787 Bochum, Kortumstr. 33, Tel. 0234-66123; 44791 Bochum-Harpen, Ruhrpark Shoppingcenter, Tel. 0234-238516; 44801 Bochum-Querenburg, Uni Center, Querenburger Höhe 111, Tel. 0234-708679; 45127 Essen, Spinnrad Gesund & Lecker, Willi-Brandt-Platz 15, Tel. 0201-1769609; 45127 Essen, City Center, Porscheplatz 21, Tel. 0201-221295; 45276 Essen-Steele, Bochumer Str. 16, Tel. 0201-512104; 45329 Essen-Altenessen, EKZ Altenessen, Altenessener Str. 411, Tel. 0201-333617; 45468 Mülheim, Forum City, Hans-Böckler-Platz 10, Tel. 0208-34907; 45472 Mülheim-Heißen, Rhein-Ruhr-Zentrum, Tel. 0208-498192; 45525 Hattingen, Obermarkt 1, Tel. 02324-55691;

45657 Recklinghausen, Kunibertistr. 13, Tel. 02361-24194; 45699 Herten, Ewaldstr. 3-5, Tel. 02366-938616; 45721 Haltern, Merschstr. 6, Tel. 02364-929351; 45768 Marl, EKZ Marler Stern, Obere Ladenstr. 68, Tel. 02365-56429; 45879 Gelsenkirchen, WEKA Kaufhaus, Bahnhofstr. 55-65, Tel. 0209-208963; 45894 Gelsenkirchen-Buer, Horster Str. 4, Tel. 0209-398889; 45899 Gelsenkirchen-Horst, In der Spinnrad-Zentrale, Am Bugapark 3, Tel. 0209-17000680; 45964 Gladbeck, Hochstr. 29-31, Tel. 02043-21293; 46047 Oberhausen, Centro, Centroallee 150, Tel. 0208-21970; 46049 Oberhausen, Bero Center 110, Tel. 0208-27065; 46236 Bottrop, Kirchplatz 4, Tel. 02041-684484; 46282 Dorsten, Recklinghäuserstr. 4, Tel. 02362-45748; 46397 Bocholt, Osterstr. 51, Tel. 02871-186024; 46483 Wesel, Hohe Str. 26, Tel. 0281-34794; 46535 Dinslaken, Neustr. 31-33, Tel. 02064-72328; 47051 Duisburg, Königstr. 42, Tel. 0203-284497; 47441 Moers, Steinstr. 31, Tel. 02841-23771; 47798 Krefeld, Hansa Zentrum 42-43, Tel. 02151-395635; 47798 Krefeld, Neumarkt 2, Tel. 02151-22547; 48143 Münster, Ludgeristr. 114, Tel. 0251-42352; 48282 Emsdetten, EKZ Villa Nova, Bahnhofstr. 2-8, Tel. 02572-88447; 48431 Rheine, Münsterstr. 6, Tel. 05971-13548; 48653 Coesfeld, Schüppenstr. 12, Tel. 02541-82747; 49074 Osnabrück, Große Str. 84-85, Tel. 0541-201373; 50672 Köln, Olivandenhof, Richmodstr. 10, Tel. 0221-2579488; 50678 Köln-Südstadt, Severinstr. 53, Tel. 0221-3100018; 50765 Köln-Chorweiler, City-Center Chorweiler, Mailänder Passage 1, Tel. 0221-7088940; 50823 Köln-Ehrenfeld, Venloer Str. 336, Tel. 0221-5103342; 51065 Köln-Mülheim, Galerie Wiener Platz, Wiener Platz 1, Tel. 0221-6202754; 51373 Leverkusen, Hauptstr. 73, Tel. 0214-403131; 52062 Aachen, Adalbertstr. 110, Tel. 0241-20453; 52062 Aachen, Rethelstr. 3, Tel. 0241-25254; 52222 Stolberg, Rathausgalerie, Steinweg 83-89, Tel. 02402-21245; 52249 Eschweiler, Grabenstr. 66, Tel. 02403-15286; 52349 Düren, Josef-Schregel-Str. 48, Tel. 02421-10082; 53111 Bonn, Poststr. 4, Tel. 0228-636667; 53177 Bonn-Bad Godesberg, Theaterplatz 2, Tel. 0228-351075; 53757 St. Augustin, Huma EKZ, Rathausallee 16, Tel. 02241-27040; 53879 Euskirchen, Kino Center Galeria, Berliner Str., Tel. 02251-782191; 54290 Trier, Fleischstr. 11, Tel. 0651-48237; 55116 Mainz, Kirschgarten 4, Tel. 06131-228141; 55116 Mainz, Lotharstr. 9, Tel. 06131-238373; 56068 Koblenz, Löhrstr. 16-20, Tel. 0261-14925; 56564 Neuwied, Langendorfer Str. 111, Tel. 02631-357661; 57072 Siegen, City-Galerie, Am Bahnhof 40, Tel. 0271-2383124; 57072 Siegen, Marburger Str. 34, Tel. 0271-54540; 58096 Hagen, Elberfelder Str. 37, Tel. 02331-17438; 58239 Schwerte, Hüsingstr. 22-24, Tel. 02304-990293; 58452 Witten, Bahnhofstr. 38, Tel. 02302-275122; 58511 Lüdenscheid, EKZ Stern Center/Altenaer Str., Tel. 02351-22907; 58636 Iserlohn, Alter Rathausplatz 7, Tel. 02371-23296; 59065 Hamm, Bahnhofstr. 1c, Tel. 02381-20245; 59174 Kamen, Weststr. 16, Tel. 02307-235387; 59227 Ahlen, Oststr. 44, Tel. 02382-806677; 59555 Lippstadt, Lippe Galerie, Kahlenstr./Langestr., Tel. 02941-58332; 60311 Frankfurt, Kaiserstr. 11, Tel. 069-291481; 60388 Frankfurt-Bergen-Enkheim, Borsigallee 26, Tel. 06109-369596; 60439 Frankfurt-Nordweststadt, Nord West Zentrum, Tituscorsostr. 2b, Tel. 069-584800; 63065 Offenbach, Herrenstr. 37, Tel. 069-825648; 63739 Aschaffenburg, City-Galerie, Goldbacher Str. 2, Tel. 06021-12662; 64283 Darmstadt, Wilhelminenstr. 2, Tel. 06151-294525; 65183 Wiesbaden, Mauritius Galerie 23, Tel. 0611-378166; 65183 Wiesbaden, Langgasse 12, Tel. 0611-9010694; 65549 Limburg, Bahnhofstr. 4, Tel. 06431-25766; 66111 Saarbrücken, Bahnhofstr. 20-30, Tel. 0681-3908994; 66424 Homburg/Saar, Saarpfalz Center, Talstr. 38a, Tel. 06841-5351; 66538 Neunkirchen, Saarpfalz Center, Stummstr. 2; 67059 Ludwigshafen, Bismarckstr. 106, Tel. 0621-526664; 67547 Worms, Obermarkt 12, Tel. 06241-88462; 67655 Kaiserslautern, Pirmasenser Str. 8, Tel. 0631-696114; 68159 Mannheim, U 1, U 2, Fußgängerzone, Tel. 0621-1560425; 69115 Heidelberg, Das Carré, Rohrbacher Str. 6-8d, Tel. 06221-166825; 69117 Heidelberg, Hauptstr. 62, Tel. 06221-6161166; 70173 Stuttgart, Lautenschlager Str. 3, Tel. 0711-291469; 70372 Stuttgart-Bad Cannstatt, Bahnhofstr. 1-5, Tel. 0711-562113; 71084 Böblingen, Kaufzentrum Sindelfinger Allee, Tel. 07031-233664; 71638 Ludwigsburg, Marstall-Center, Tel. 07141-902879; 72070 Tübingen, Kirchgasse 2, Tel. 07071-52571; 72764 Reutlingen, Metzgerstr. 4, Tel. 07121-320415; 73230 Kirchheim Teck, Stuttgarter Str. 2, Tel. 07021-734270; 73430 Aalen, Marktplatz 20, Tel. 07361-66543; 73728 Esslingen, Roßmarkt 1, Tel. 0711-350199; 73733 Esslingen-Weil, Neckar-Center, Weilstr. 227, Tel. 0711-386905; 74072 Heilbronn, Sülmerstr. 34, Tel. 07131-962138; 75172 Pforzheim, Bahnhofstr. 10, Tel. 07231-353071; 76133 Karlsruhe, Kaiserstr. 170, Tel. 0721-24845; 76829 Landau, Rathausplatz 10, Tel. 06341-85818; 77652 Offenburg, Steinstr. 28, Tel. 0781-1665; 78050 Villingen-Schwenningen, Niedere Str. 37, Tel. 07721-32575; 78224 Singen, Scheffelstr. 9, Tel. 07731-68642; 78462 Konstanz, Hussenstr. 24, Tel. 07531-15329; 78532 Tuttlingen, Hecht Carré, Königstr. 2, Tel. 07461-76961; 79098 Freiburg, Rathausgasse 17, Tel. 0761-381213; 80331 München, Asamhof, Sendlinger Str. 28, Tel. 089-264159; 80797 München-Nordbad, Schleißheimer Str. 100, Tel. 089-1238685; 83022 Rosenheim, Stadtcenter, Kufsteiner Str. 7, Tel. 08031-33536; 83278 Traunstein, Maxstr. 33, Tel. 0861-69506; 83395 Freilassing, Hauptstr. 29, Tel. 08654-478777; 85057 Ingolstadt, West Park, Tel. 0841-87822; 86150 Augsburg, Viktoriapassage, Tel. 0821-155482; 87435 Kempten, Fischersteige 4, Tel. 0831-24503; 88212 Ravensburg, Eisenbahnstr. 8, Tel. 0751-14489; 89077 Ulm-Weststadt, Blautal Center, Blaubeurer Str. 95, Tel. 0731-9314111; 89231 Neu Ulm, Mutschler Center, Borsigstr. 15, Tel. 0731-723023; 90402 Nürnberg, Grand Bazar, Karolinenstr. 45, Tel. 0911-232533; 90402 Nürnberg, Pfannenschmidsgasse 1, Tel. 0911-2448834; 90473 Nürnberg-Langwasser, Franken-Center, Glogauer Str. 30-38, Tel. 0911-8000152; 90762 Fürth, City Center, Alexander Str. 11, Tel. 0911-773663; 91054 Erlangen, Hauptstr. 46, Tel. 09131-201043;

91126 Schwabach, Königstr. 2, Tel. 09122-16849; 93047 Regensburg, Maximilianstr. 14, Tel. 0941-51150; 94469 Deggendorf, Degg's Einkaufspassage, Hans-Krämer-Str. 31, Tel. 0991-3790052; 95028 Hof, Ludwigstr. 47, Tel. 09281-3641; 96052 Bamberg, EKZ Atrium, Ludwigstr. 2, Tel. 0951-202588; 96450 Coburg, Steinweg 24, Tel. 09561-99414; 97070 Würzburg, Kaiserstr. 16, Tel. 0931-15608; 98527 Suhl, Lauterbogen-Center, Friedrich-König-Str. 21, Tel. 03681-708536; 99085 Erfurt-Nord, Thüringen Park, Tel. 0361-7462048.
SYLVIE'S NATURLADEN, 47906 Kempen, Judenstr. 19, Tel. 02152-54590; 13595 Berlin, Pichelsdorferstr. 93, Tel. 030-3317878; 88489 Wain, Obere Dorfstr. 37, Tel. 07353-1465.

In der Schweiz:
DORF-LÄDELI, CH-8863 Buttikon, Kantonsstr. 49, Tel. 055-4441854.
DROGERIE IM DREIANGEL, CH-3552 Bärau, Bäraustr. 45, Tel./Fax 034-4021565.
*INTERWEGA Handels GmbH, CH-8863 Buttikon, Kantonsstr. 49, Tel. 055-4441854, Fax 055-4442477.

In Österreich:
*CREATIV-COSMETIK, A-5020 Salzburg, Ganshofstr. 8, Tel. 0662-848802, Fax 0662-848803.

Die mit * gekennzeichneten Firmen betreiben auch Versandhandel.
Einige Substanzen erhalten Sie auch in Reformhäusern, Drogerien, Apotheken, Bioläden und Lebensmittelläden. Vergleichen Sie die Preise!

Hinweis:
Autoren und Verlag bemühen sich, in diesem Verzeichnis nur Firmen zu nennen, die hinsichtlich der Substanzen und Preise zuverlässig und günstig sind. Trotzdem kann eine Gewährleistung von Autoren und Verlag nicht übernommen werden. Irgendwelche Formen von gesellschaftsrechtlicher Verbindung, Beteiligung und/oder Abhängigkeit zwischen Autoren und Verlag einerseits und den hier aufgeführten Firmen andererseits existieren nicht.